Indická kuchyňa 2023

Recepty od indických rodín pre celú rodinu

Rani Patel

Obsah

Pikantné banánové lievance 18
    Ingrediencie 18
    Metóda 18
Masala Dosa 18
    Ingrediencie 19
    Metóda 19
Sójový kebab 21
    Ingrediencie 21
    Metóda 22
Krupicová Idli 23
    Ingrediencie 23
    Metóda 24
Vajcia a zemiaková kotleta 25
    Ingrediencie 25
    Metóda 25
Chivda 26
    Ingrediencie 26
    Metóda 27
Chlieb Bhajja 28
    Ingrediencie 28
    Metóda 28
Vaječná masala 29
    Ingrediencie 29

Metóda 30

Krevety Pakoda 31

    Ingrediencie 31

    Metóda 31

Syrové kraby 32

    Ingrediencie 32

    Metóda 33

Mysore Bonda 34

    Ingrediencie 34

    Metóda 34

Radhaballabhi 35

    Ingrediencie 35

    Metóda 35

Medu Vada 37

    Ingrediencie 37

    Metóda 37

Paradajková omeleta 38

    Ingrediencie 38

    Metóda 39

Vajcia Bhurji 40

    Ingrediencie 40

    Metóda 41

Vaječná kotleta 42

    Ingrediencie 42

    Metóda 43

Jhal Mudi 44

    Ingrediencie 44

Metóda	44
Tofu Tikka	45
Ingrediencie	45
Na marinádu:	45
Metóda	45
Ahoj Kábel	47
Ingrediencie	47
Metóda	47
Masala omeleta	48
Ingrediencie	48
Metóda	49
Masala arašidy	50
Ingrediencie	50
Metóda	50
Kothmir Wadi	51
Ingrediencie	51
Metóda	52
Ryžové a kukuričné rolky	53
Ingrediencie	53
Metóda	53
Dahi kotleta	54
Ingrediencie	54
Metóda	54
Uthappam	56
Ingrediencie	56
Metóda	56
Koraishutir Kochuri	57

Ingrediencie 57

Metóda 57

Kanda Vada 59

Ingrediencie 59

Metóda 59

Ahoj Tuk 60

Ingrediencie 60

Metóda 60

Kokosová kotleta 62

Ingrediencie 62

Metóda 62

Mung Sprout Dhokla 64

Ingrediencie 64

Metóda 64

Paneer Pakoda 65

Ingrediencie 65

Metóda 66

Indická sekaná 67

Ingrediencie 67

Metóda 68

Paneer Tikka 69

Ingrediencie 69

Na marinádu: 69

Metóda 70

Paneer kotleta 71

Ingrediencie 71

Metóda 72

Dhal Ke Kebab 73
    Ingrediencie 73
    Metóda 73

Pikantné ryžové guľky 74
    Ingrediencie 74
    Metóda 74

Výživný Roti Roll 75
    Ingrediencie 75
    Pre potkany: 75
    Metóda 76

Kurací mätový kebab 77
    Ingrediencie 77
    Metóda 78

Masala čipsy 79
    Ingrediencie 79
    Metóda 79

Miešaná zelenina Samosa 80
    Ingrediencie 80
    Na pečivo: 80
    Metóda 81

Rolky z múky 82
    Ingrediencie 82
    Metóda 82

Golli kebab 83
    Ingrediencie 83
    Metóda 84

Mathis 85

Ingrediencie 85
Metóda 85
Poha Pakoda 86
Ingrediencie 86
Metóda 87
Hariyali Murgh Tikka 88
Ingrediencie 88
Na marinádu: 88
Metóda 89
Boti kebab 90
Ingrediencie 90
Metóda 91
Chat 92
Ingrediencie 92
Metóda 93
Kokosová dosa 94
Ingrediencie 94
Metóda 94
Placky zo sušeného ovocia 95
Ingrediencie 95
Metóda 95
Varená ryža Dosa 96
Ingrediencie 96
Metóda 97
Nevarené banánové karbonátky 98
Ingrediencie 98
Metóda 99

Sooji Vada 100

    Ingrediencie 100

    Metóda 100

Sweet 'n' Sour slané kúsky 101

    Ingrediencie 101

    Pre Muthiu: 101

    Metóda 102

Krevetové karbonátky 103

    Ingrediencie 103

    Metóda 104

Reshmi kebab 105

    Ingrediencie 105

    Metóda 105

Potešenie z popraskanej pšenice 106

    Ingrediencie 106

    Metóda 107

Methi Dhokla 108

    Ingrediencie 108

    Metóda 108

Hrachové steaky 109

    Ingrediencie 109

    Metóda 110

Názov 111

    Ingrediencie 111

    Metóda 111

Dahi Pakoda Chaat 113

    Ingrediencie 113

  Metóda 113
Kudithal Dhokla 115
  Ingrediencie 115
  Metóda 115
Ghugni 116
  Ingrediencie 116
  Metóda 117
Hrášok Pulao 118
  Ingrediencie 118
  Metóda 118
Kuracie Pulao 119
  Ingrediencie 119
  Metóda 120
Vaangi Bhaat 121
  Ingrediencie 121
  Metóda 122
Hrachovo-hubové Pulao 123
  Ingrediencie 123
  Metóda 123
Zelené Pulao 125
  Ingrediencie 125
  Metóda 126
Slávnostné Pulao 127
  Ingrediencie 127
  Metóda 128
Pulihora 129
  Ingrediencie 129

Metóda	130
Tadka ryža	131
Ingrediencie	131
Metóda	131
Cous Cous Biryani	132
Ingrediencie	132
Metóda	133
Hubová ryža	134
Ingrediencie	134
Metóda	135
Jednoduchá kokosová ryža	136
Ingrediencie	136
Metóda	136
Zmiešané Pulao	137
Ingrediencie	137
Metóda	138
Citrónová ryža	139
Ingrediencie	139
Metóda	140
Ryža Manipuri	141
Ingrediencie	141
Metóda	142
Sezamové Pulao	143
Ingrediencie	143
Metóda	143
Khichuri	144
Ingrediencie	144

Metóda 145
Žltá ryža 146
    Ingrediencie 146
    Metóda 146
Chingri Mache Bhaat 147
    Ingrediencie 147
    Metóda 147
Ryža s mrkvou a zeleným korením 148
    Ingrediencie 148
    Metóda 149
Thakkali Saadham 150
    Ingrediencie 150
    Metóda 151
Palak Pulao 152
    Ingrediencie 152
    Metóda 153
Citrónová tráva a zelené čili Pulao 154
    Ingrediencie 154
    Metóda 154
Ryža s paradajkami a jarnou cibuľkou 155
    Ingrediencie 155
    Metóda 155
Sofiyani Pulao 156
    Ingrediencie 156
    Na marinádu: 156
    Metóda 157
Indická vyprážaná ryža 158

Ingrediencie 158
Metóda 158
Peshawar Biryani 159
Ingrediencie 159
Metóda 160
Kôpor Pulao 161
Ingrediencie 161
Metóda 162
Baranie Pulao 163
Ingrediencie 163
Pre zmes korenia: 163
Metóda 164
Ghee Chawal 165
Ingrediencie 165
Metóda 165
Pred Pongalom 166
Ingrediencie 166
Metóda 167
Paneer Pulao 168
Ingrediencie 168
Metóda 169
Kokosová ryža 170
Ingrediencie 170
Metóda 170
Saffron Pulao 172
Ingrediencie 172
Metóda 172

Dhal ryžová zmes ... 173
   Ingrediencie ... 173
   Metóda ... 174
Kairi Bhatt ... 175
   Ingrediencie ... 175
   Metóda ... 176
Krevety Khichdi ... 177
   Ingrediencie ... 177
   Metóda ... 178
Tvarohová ryža ... 179
   Ingrediencie ... 179
   Metóda ... 180
Hotpot s kuracím mäsom a ryžou ... 181
   Ingrediencie ... 181
   Metóda ... 182
Kukurica Pulao ... 183
   Ingrediencie ... 183
   Metóda ... 184
Dhansak ryža ... 185
   Ingrediencie ... 185
   Metóda ... 185
hnedá ryža ... 187
   Ingrediencie ... 187
   Metóda ... 187
Baranie Biryani ... 188
   Ingrediencie ... 188
   Na marinádu: ... 188

- Metóda 189
- Faada-ni-Khichdi 190
  - Ingrediencie 190
  - Metóda 191
- Urad Dhal Roti 192
  - Ingrediencie 192
  - Metóda 193
- Murgh-Methi-Malai Paratha 194
  - Ingrediencie 194
  - Metóda 195
- Meethi Puri 196
  - Ingrediencie 196
  - Metóda 196
- Kulcha 198
  - Ingrediencie 198
  - Metóda 198
- Cesnak a syr Naan 200
  - Ingrediencie 200
  - Metóda 201
- Tri múky Roti 202
  - Ingrediencie 202
  - Metóda 202
- Sheera Chapatti 203
  - Ingrediencie 203
  - Metóda 203
- Bhakri 205
  - Ingrediencie 205

Metóda 205

Chapatti 206

    Ingrediencie 206

    Metóda 206

Ryža & Kokos Roti 207

    Ingrediencie 207

    Metóda 207

Vajcia Paratha 208

    Ingrediencie 208

    Metóda 208

Cibuľa Paneer Kulcha 210

    Ingrediencie 210

    Metóda 210

Gobi Paratha 211

    Ingrediencie 211

    Metóda 212

Múčna zmes Roti 213

    Ingrediencie 213

    Metóda 214

Theplas 215

    Ingrediencie 215

    Metóda 216

Puri 217

    Ingrediencie 217

    Metóda 217

Pikantné banánové lievance

Ponuky 4

Ingrediencie

4 zrelé banány

125 g/4½ oz besan*

75 ml / 2½ fl oz vody

½ lyžičky čili prášku

¼ lyžičky kurkumy

½ lyžičky amchoor*

Podľa chuti dosolíme

Purifikovaný rastlinný olej na vyprážanie

Metóda

- Banány dusíme so šupkou 7-8 minút. Odlúpnite a nakrájajte. Odložte bokom.

- Všetky ostatné suroviny okrem oleja vymiešame na husté cesto. Odložte bokom.

- Na panvici rozohrejeme olej. Plátky banánu ponorte do cesta a smažte na strednom ohni do zlatista.

- Podávame horúce s mätovým chutney

Masala Dosa

(Crêpe s pikantnou zemiakovou plnkou)

Robí 10-12

Ingrediencie

2 polievkové lyžice rafinovaného rastlinného oleja

½ lyžičky urad dhal*

½ lyžičky rascových semienok

½ lyžičky horčičných semienok

2 veľké cibule, nakrájané nadrobno

¼ lyžičky kurkumy

Podľa chuti dosolíme

2 veľké zemiaky uvarené a nakrájané

1 lyžica nasekaných listov koriandra

Čerstvá sada dosa

Metóda

- Na panvici rozohrejeme olej. Pridajte urad dhal, rascu a horčičné semienka. Nechajte ich striekať 15 sekúnd. Pridajte cibuľu a smažte, kým nebude priehľadná.

- Pridáme kurkumu, soľ, zemiaky a lístky koriandra. Dobre premiešajte a odstráňte z tepla.

- Umiestnite lyžicu tejto zemiakovej zmesi do stredu každej sady Dosa.

- Zložte trojuholník, aby ste zakryli zemiakovú zmes. Podávame horúce s kokosovým chutney

Sójový kebab

Robí 2

Ingrediencie

500 g/1 lb 2 oz sójové nugety, namočené cez noc

1 cibuľa, nakrájaná

3-4 strúčiky cesnaku

2,5 cm / 1 palec koreň zázvoru

1 čajová lyžička citrónovej šťavy

2 lyžičky koriandrových listov, nasekaných

2 polievkové lyžice namočených a lúpaných mandlí

½ lyžičky garam masala

½ lyžičky čili prášku

1 lyžička chaat masala*

Purifikovaný rastlinný olej na plytké vyprážanie

Metóda

- Sójové nugety sceďte. Pridáme všetky ostatné suroviny okrem oleja. Zomelieme na hustú pastu a dáme na 30 minút do chladničky.

- Zmes rozdelíme na guľky veľkosti vlašského orecha a sploštíme.

- Na panvici rozohrejeme olej. Pridajte kebab a opečte ich do zlatista. Podávame horúce s mätovým chutney

Krupicová Idli

(krupicový koláč)

Robí 12

Ingrediencie

4 polievkové lyžice čisteného rastlinného oleja

150 g/5½ oz krupice

120 ml/4 fl oz kyslej smotany

¼ lyžičky horčičných semienok

¼ lyžičky rascového semena

5 zelených čili papričiek, nasekaných

1 cm/½ v koreni zázvoru, nasekaný

4 lyžice nasekaných listov koriandra

Podľa chuti dosolíme

4-5 kari listov

Metóda

- Na panvici zohrejte 1 lyžičku oleja. Pridajte krupicu a smažte 30 sekúnd. Pridajte kyslú smotanu. Odložte bokom.

- Zvyšný olej rozohrejeme na panvici. Pridajte horčičné semienka, rascu, zelené čili, zázvor, listy koriandra, soľ a kari listy. Za stáleho miešania smažíme 2 minúty.

- Pridajte to do krupice. Odložte na 10 minút.

- Krupicu nasypeme do vymastených foriem na idli alebo na košíčky. Varte v pare 15 minút. Odstráňte z foriem. Podávajte horúce.

Vajcia a zemiaková kotleta

Ponuky 4

Ingrediencie

4 vajcia uvarené natvrdo, roztlačené

2 zemiaky, uvarené a roztlačené

½ ČL mletého čierneho korenia

2 zelené čili papričky, nasekané

1 cm/½ v koreni zázvoru, nasekaný

2 strúčiky cesnaku, nasekané

½ ČL citrónovej šťavy

Podľa chuti dosolíme

Purifikovaný rastlinný olej na plytké vyprážanie

Metóda

- Zmiešajte všetky ingrediencie okrem oleja.

- Nakrájame na guľky veľkosti vlašského orecha a roztlačíme ich na rezne.

- Na panvici rozohrejeme olej. Pridajte rezne a opečte ich do zlatista.

- Podávajte horúce.

Chivda

(voskovaná ryžová zmes)

Ponuky 4

Ingrediencie

2 polievkové lyžice rafinovaného rastlinného oleja

1 ČL horčičných semienok

½ lyžičky rascových semienok

½ lyžičky kurkuma

8 kari listov

750g/1lb 10oz poha*

125 g arašidov

75 g / 2½ oz chana dhal*, pražené

1 lyžica práškového cukru

Podľa chuti dosolíme

Metóda

- Na panvici rozohrejeme olej. Pridajte horčičné semienka, rascu, kurkumu a kari listy. Nechajte ich striekať 15 sekúnd.

- Pridajte zvyšok ingrediencií a smažte 4-5 minút na miernom ohni.

- Nechajte úplne vychladnúť. Skladujte vo vzduchotesnej nádobe.

POZNÁMKA:*Môže sa uchovávať až 15 dní.*

Chlieb Bhajja

(chlieb)

Ponuky 4

Ingrediencie

85 g kukuričnej múčky

1 cibuľa, nakrájaná

½ lyžičky čili prášku

1 lyžička mletého koriandra

Podľa chuti dosolíme

75 ml / 2½ fl oz vody

8 krajcov chleba, nakrájaných na štvrtiny

Purifikovaný rastlinný olej na vyprážanie

Metóda

- Všetky suroviny okrem chleba a oleja vymiešame na husté cesto.

- Na panvici rozohrejeme olej. Kúsky chleba namáčame do cesta a smažíme do zlatista.

- Podávame horúce s kečupom alebo mätovým chutney.

Vaječná masala

Ponuky 4

Ingrediencie

2 malé cibule, nakrájané

2 zelené čili papričky, nasekané

2 polievkové lyžice rafinovaného rastlinného oleja

1 ČL zázvorovej pasty

1 lyžička cesnakovej pasty

1 lyžička čili prášku

½ lyžičky kurkuma

1 lyžička mletého koriandra

1 lyžička mletého kmínu

½ lyžičky garam masala

2 paradajky nakrájané nadrobno

2 polievkové lyžice besanu*

Podľa chuti dosolíme

25 g/ skromné 1 oz listy koriandra, nasekané

8 vajec, uvarených a rozpolených

Metóda

- Nasekanú cibuľu a zelené čili spolu pomelieme na hrubú pastu.

- Na panvici rozohrejeme olej. Pridajte túto pastu spolu so zázvorovou pastou, cesnakovou pastou, čili práškom, kurkumou, mletým koriandrom, mletým rascom a garam masalou. Dobre premiešame a za stáleho miešania smažíme 3 minúty.

- Pridajte paradajky a duste 4 minúty.

- Pridajte besan a soľ. Dobre premiešame a ešte chvíľu restujeme.

- Pridajte lístky koriandra a na miernom ohni restujte ďalšie 2-3 minúty.

- Pridajte vajcia a jemne premiešajte. Masala by mala zo všetkých strán dobre pokrývať vajcia. Varte na miernom ohni 3-4 minúty.

- Podávajte horúce.

Krevety Pakoda

(vyprážané krevety)

Ponuky 4

Ingrediencie

250 g kreviet ošúpaných a zbavených jadierok

Podľa chuti dosolíme

375 g / 13 oz besan*

1 ČL zázvorovej pasty

1 lyžička cesnakovej pasty

½ lyžičky kurkuma

1 lyžička garam masala

150 ml / 5 fl oz vody

Purifikovaný rastlinný olej na vyprážanie

Metóda

- Marinujte krevety so soľou po dobu 20 minút.
- Pridáme ostatné ingrediencie okrem oleja.
- Pridajte toľko vody, aby vzniklo husté cesto.
- Na panvici rozohrejeme olej. Pridajte malú lyžicu cesta a smažte na strednom ohni do zlatista. Nechajte odkvapkať na savom papieri.
- Podávame horúce s mätovým chutney.

Syrové kraby

Ponuky 6

Ingrediencie

2 PL hladkej bielej múky

240 ml/8 fl oz mlieka

4 polievkové lyžice masla

1 stredná cibuľa, nakrájaná

Podľa chuti dosolíme

150 g scedeného kozieho syra

150 g strúhaného syra čedar

12 krajcov chleba

2 vajcia, rozšľahané

Metóda

- V hrnci zmiešame múku, mlieko a 1 lyžičku masla. Priveďte do varu, dávajte pozor, aby sa nevytvorili hrudky. Dusíme, kým zmes nezhustne. Odložte bokom.
- Zvyšné maslo zohrejte v hrnci. Na strednom ohni opečte cibuľu do mäkka.
- Pridajte soľ, kozí syr, syr čedar a zmes múky. Dobre premiešame a odstavíme.
- Plátky chleba vymastíme. Na 6 plátkov natrieme lyžicu syrovej zmesi a prikryjeme ďalšími 6 plátkami.
- Vrch týchto sendvičov potrieme rozšľahaným vajíčkom.
- Pečieme v predhriatej rúre na 180°C (350°F/plynová značka 6) 10-15 minút do zlatista. Podávame horúce s kečupom.

Mysore Bonda

(Juhoindická vyprážaná múčna knedľa)

Robí 12

Ingrediencie

175g/6oz hladkej bielej múky

1 malá cibuľa, nakrájaná

1 polievková lyžica ryžovej múky

120 ml/4 fl oz kyslej smotany

Štipka sódy bikarbóny

2 lyžice nasekaných listov koriandra

Podľa chuti dosolíme

Purifikovaný rastlinný olej na vyprážanie

Metóda

- Cesto pripravíme zmiešaním všetkých surovín okrem oleja. Odložte na 3 hodiny.
- Na panvici rozohrejeme olej. Nakvapkáme do nej po lyžiciach cesto a smažíme na strednom ohni do zlatista. Podávame horúce s kečupom.

Radhaballabhi

(Bengálske slané rolky)

Robí 12-15

Ingrediencie

4 lyžice mung dhal*

4 lyžice chana dhal*

4 klinčeky

3 zelené struky kardamónu

½ lyžičky rascových semienok

3 lyžice ghí a navyše na vyprážanie

Podľa chuti dosolíme

350g/12oz hladkej bielej múky

Metóda

- Namočte dhal cez noc. Vypustite vodu a rozdrvte na pastu. Odložte bokom.
- Klinčeky, kardamón a rasce spolu pomelieme.
- Na panvici zohrejte 1 polievkovú lyžicu ghee. Smažte mleté korenie 30 sekúnd. Pridajte dhal pastu a soľ. Za stáleho miešania smažte na strednom ohni do sucha. Odložte bokom.

- Múku zmiešajte s 2 lyžicami ghee, soľou a vodou na tuhé cesto. Nakrájajte na guľôčky veľkosti citróna. Rozvaľkajte na kotúče a do stredu každého položte lyžice vyprážaného dhalu. Zatvorte ako tašku.
- Vrecia rozvaľkajte na hrubé puri, každé s priemerom 10 cm. Odložte bokom.
- Na panvici zohrejte ghee. Smažte puris do zlatista.
- Scedíme na savý papier a podávame horúce.

Medu Vada

(Vyprážané šošovicové koláčiky)

Ponuky 4

Ingrediencie

300 g / 10 oz urad dhal*, namočený na 6 hodín

Podľa chuti dosolíme

¼ lyžičky asafoetida

8 kari listov

1 lyžička semien rasce

1 lyžička mletého čierneho korenia

Spracovaná zelenina na vyprážanie

Metóda

- Urad dhal sceďte a rozdrvte na hustú suchú pastu.
- Pridáme všetky ostatné suroviny okrem oleja a dobre premiešame.
- Navlhčite si dlane. Z cesta vytvarujeme guľu vo veľkosti citróna, sploštíme a v strede urobíme jamku v tvare šišky. Opakujte so zvyškom cesta.
- Na panvici rozohrejeme olej. Smažte vadas do zlatista.
- Podávajte horúce so sambharom.

Paradajková omeleta

Robí 10

Ingrediencie

2 veľké paradajky nakrájané nadrobno

180 g / 6 ½ oz besan*

85g/3oz celozrnná múka

2 polievkové lyžice krupice

1 veľká cibuľa, nakrájaná

½ ČL zázvorovej pasty

½ lyžičky cesnakovej pasty

¼ lyžičky kurkumy

½ lyžičky čili prášku

1 lyžička mletého koriandra

½ lyžičky mletého rasce, nasucho opraženého

25 g/ skromné 1 oz listy koriandra, nasekané

Podľa chuti dosolíme

120 ml/4 fl oz vody

Spracovaná zelenina na nátierku

Metóda

- Všetky suroviny okrem oleja spolu vymiešame na husté cesto.
- Plochú panvicu vymastíme a zohrejeme. Na to rozotrieme lyžicu cesta.
- Omeletu pokvapkáme olejom, prikryjeme pokrievkou a na miernom ohni varíme 2 minúty. Otočte a opakujte. Opakujte pre zvyšok cesta.
- Podávame horúce s paradajkovým kečupom alebo mätovým chutney

Vajcia Bhurji

(Pikantné miešané vajíčka)

Ponuky 4

Ingrediencie

4 polievkové lyžice čisteného rastlinného oleja

½ lyžičky rascových semienok

2 veľké cibule, nakrájané

8 strúčikov cesnaku, nasekaných

½ lyžičky kurkuma

3 zelené čili papričky nakrájané nadrobno

2 paradajky nakrájané nadrobno

Podľa chuti dosolíme

8 vajec, rozšľahaných

10 g/¼ oz listov koriandra, nasekaných

Metóda

- Na panvici rozohrejeme olej. Pridajte kmínové semienka. Nechajte ich striekať 15 sekúnd. Pridajte cibuľu a opečte ju na strednom ohni, kým nebude priehľadná.
- Pridajte cesnak, kurkumu, zelené čili a paradajky. Za stáleho miešania smažíme 2 minúty. Pridajte vajcia a za stáleho miešania varte, kým sa vajcia neuvaria.
- Ozdobte lístkami koriandra a podávajte horúce.

Vaječná kotleta

Robí 8

Ingrediencie

240 ml/8 fl oz čisteného rastlinného oleja

1 veľká cibuľa, nakrájaná

1 ČL zázvorovej pasty

1 lyžička cesnakovej pasty

Podľa chuti dosolíme

½ ČL mletého čierneho korenia

2 veľké zemiaky, uvarené a roztlačené

8 vajec uvarených natvrdo, rozpolených

1 vajce, rozšľahané

100 g strúhanky

Metóda

- Na panvici rozohrejeme olej. Pridajte cibuľu, zázvorovú pastu, cesnakovú pastu, soľ a čierne korenie. Smažte na strednom ohni do hneda.
- Pridajte zemiaky. Pečieme 2 minúty.
- Vydlabeme žĺtky a pridáme ich do zemiakovej zmesi. Dobre premiešajte.
- Mŕtve vajíčka naplníme zemiakovo-žĺtkovou zmesou.
- Namočíme ich do rozšľahaného vajíčka a obalíme v strúhanke. Odložte bokom.
- Na panvici rozohrejeme olej. Vajcia smažte do zlatista. Podávajte horúce.

Jhal Mudi

(Pikantná nafukovaná ryža)

Podáva 5-6

Ingrediencie

300 g/10 oz kurkumy*

1 uhorka, jemne nakrájaná

125 g varenej chany*

1 veľký zemiak uvarený a nakrájaný

125 g pražených arašidov

1 veľká cibuľa, nakrájaná

25 g/ skromné 1 oz listy koriandra, nasekané

4-5 lyžíc horčičného oleja

1 lyžica mletého kmínu, nasucho opraženého

2 polievkové lyžice citrónovej šťavy

Podľa chuti dosolíme

Metóda

- Všetky ingrediencie spolu zmiešame, aby sa dobre premiešali. Ihneď podávajte.

Tofu Tikka

Robí 15

Ingrediencie

300 g/10 oz tofu nakrájané na 5 cm kúsky

1 zelená paprika, nakrájaná na kocky

1 na kocky nakrájaná paradajka

1 veľká cibuľa, nakrájaná na kocky

1 lyžička chaat masala*

250g/9oz grécky jogurt

½ lyžičky garam masala

½ lyžičky kurkuma

1 lyžička cesnakovej pasty

1 čajová lyžička citrónovej šťavy

Podľa chuti dosolíme

1 polievková lyžica čisteného rastlinného oleja

Na marinádu:

25 g/ málo 1 oz listov koriandra, mleté

25 g/ málo 1 oz lístkov mäty, mleté

Metóda

- Suroviny na marinádu spolu zmiešame. Tofu so zmesou marinujte 30 minút.
- Grilujte s paprikou, paradajkami a kúskami cibule 20 minút za občasného otáčania.
- Navrch posypeme chaat masala. Podávame horúce s mätovým chutney

Ahoj Kábel

(Pikantná zmes zemiakov, cíceru a tamarindu)

Ponuky 4

Ingrediencie

3 veľké zemiaky uvarené a nakrájané nadrobno

250g/9oz biely hrášok*, varené

1 veľká cibuľa, nakrájaná

1 zelené čili, nasekané nadrobno

2 ČL tamarindovej pasty

2 ČL sušených pražených kmínových semienok, mletých

10 g/¼ oz listov koriandra, nasekaných

Podľa chuti dosolíme

Metóda

- Všetky ingrediencie spolu zmiešame v miske. Jemne pretlakujte.
- Podávajte vychladené alebo pri izbovej teplote.

Masala omeleta

Robí 6

Ingrediencie

8 vajec, rozšľahaných

1 veľká cibuľa, nakrájaná

1 paradajka nakrájaná nadrobno

4 zelené čili papričky nakrájané nadrobno

2-3 strúčiky cesnaku, nasekané

2,5 cm/1 palec nasekaný zázvor

3 lyžice nasekaných listov koriandra

1 lyžička chaat masala*

½ lyžičky kurkuma

Podľa chuti dosolíme

6 polievkových lyžíc rafinovaného rastlinného oleja

Metóda

- Všetky ingrediencie okrem oleja spolu zmiešame a dobre premiešame.
- Rozohrejte panvicu a rozotrite do nej 1 lyžicu oleja. Natrieme naň šestinu vaječnej zmesi.
- Keď omeleta stuhne, otočte omeletu a opečte druhú stranu na strednom ohni.
- Opakujte so zvyškom cesta.
- Podávame horúce s kečupom alebo mätovým chutney

Masala arašidy

Ponuky 4

Ingrediencie

500g/1lb 2oz pražených arašidov

1 veľká cibuľa, nakrájaná

3 zelené čili papričky nakrájané nadrobno

25 g/ skromné 1 oz listy koriandra, nasekané

1 veľký zemiak uvarený a nakrájaný

1 lyžička chaat masala*

1 polievková lyžica citrónovej šťavy

Podľa chuti dosolíme

Metóda

- Všetky ingrediencie spolu zmiešame, aby sa dobre premiešali. Ihneď podávajte.

Kothmir Wadi

(Vyprážané koriandrové guľôčky)

Robí 20-25

Ingrediencie

100 g nasekaných listov koriandra

250 g / 9 oz besan*

45 g ryžovej múky

3 zelené čili papričky nakrájané nadrobno

½ ČL zázvorovej pasty

½ lyžičky cesnakovej pasty

1 polievková lyžica sezamových semienok

1 lyžička kurkumy

1 lyžička mletého koriandra

1 lyžička cukru

¼ lyžičky asafoetida

¼ lyžičky sódy bikarbóny

Podľa chuti dosolíme

150 ml / 5 fl oz vody

Rafinovaný rastlinný olej na mazanie a extra na plytké vyprážanie

Metóda

- V miske zmiešame všetky suroviny okrem oleja. Pridajte trochu vody, aby ste vytvorili husté cesto.
- Okrúhlu tortovú formu s priemerom 20 cm vymastíme olejom a nalejeme do nej cesto.
- Varte v pare 10-15 minút. Odložte na 10 minút na vychladnutie. Udusenú zmes nakrájame na štvorcové kúsky.
- Na panvici rozohrejeme olej. Kúsky smažte na oboch stranách dozlatista. Podávajte horúce.

Ryžové a kukuričné rolky

Ponuky 4

Ingrediencie

100 g dusenej ryže, roztlačenej

200 g varených kukuričných zŕn

125 g/4½ oz besan*

1 veľká cibuľa, nakrájaná

1 lyžička garam masala

½ lyžičky čili prášku

10 g/¼ oz listov koriandra, nasekaných

Šťava z 1 citróna

Podľa chuti dosolíme

Purifikovaný rastlinný olej na vyprážanie

Metóda

- Všetky ingrediencie okrem oleja spolu zmiešame.
- Na panvici rozohrejeme olej. Po malých lyžičkách dávame zmes do oleja a opekáme zo všetkých strán do zlatista.
- Nechajte odkvapkať na savom papieri. Podávajte horúce.

Dahi kotleta

(jogurtová kotleta)

Ponuky 4

Ingrediencie

600g/1lb 5oz grécky jogurt

Podľa chuti dosolíme

3 lyžice nasekaných listov koriandra

6 zelených čili papričiek nakrájaných nadrobno

200 g strúhanky

1 lyžička garam masala

2 čajové lyžičky vlašských orechov, nasekaných

2 PL hladkej bielej múky

½ lyžičky sódy bikarbóny

90 ml / 3 fl oz vody

Purifikovaný rastlinný olej na vyprážanie

Metóda

- Do jogurtu vmiešame soľ, lístky koriandra, čili, strúhanku a garam masalu. Nakrájajte na kúsky veľkosti citróna.

- Do stredu každej porcie zatlačte nasekané vlašské orechy. Odložte bokom.
- Zmiešajte múku, sódovú vodu a toľko vody, aby vzniklo riedke cesto. Rezne namáčame v cestíčku a odložíme bokom.
- Na panvici rozohrejeme olej. Vyprážajte kotlety do zlatista.
- Podávame horúce s mätovým chutney

Uthappam

(ryžová palacinka)

Robí 12

Ingrediencie

500 g / 1 lb 2 oz ryže

150 g / 5½ oz urad dhal*

2 ČL semienok senovky gréckej

Podľa chuti dosolíme

12 polievkových lyžíc rafinovaného rastlinného oleja

Metóda

- Všetky ingrediencie okrem oleja spolu zmiešame. Namočte do vody na 6-7 hodín. Scedíme a rozdrvíme na jemnú pastu. Odložíme na 8 hodín kysnúť.
- Rozohrejeme panvicu a rozotrieme na ňu 1 lyžičku oleja.
- Nalejte veľkú lyžicu cesta. Roztierajte ako palacinku.
- Varte na miernom ohni 2-3 minúty. Otočte a opakujte.
- Opakujte so zvyškom cesta. Podávajte horúce.

Koraishutir Kochuri

(chlieb plnený hráškom)

Ponuky 4

Ingrediencie

175g/6oz hladkej bielej múky

¾ lyžičky soli

2 lyžice ghí a navyše na vyprážanie

500 g / 1 lb 2 oz mrazený hrášok

2,5 cm / 1 palec koreň zázvoru

4 malé zelené čili papričky

2 lyžice feniklových semienok

¼ lyžičky asafoetida

Metóda

- Múku zmiešame s ¼ lyžičky soli a 2 lyžicami ghee. Odložte bokom.
- Hrášok, zázvor, chilli a fenikel pomelieme na jemnú pastu. Odložte bokom.
- Na panvici zohrejte lyžičku ghee. Smažte asafoetida 30 sekúnd.
- Pridajte hráškovú pastu a ½ lyžičky soli. Za stáleho miešania smažíme 5 minút. Odložte bokom.

- Cesto rozdeľte na 8 guľôčok. Zarovnajte a každý naplňte hráškovou zmesou. Utesnite ako vrece a znova vyrovnajte. Rozvaľkajte na okrúhle kotúče.
- Na panvici zohrejte ghee. Pridáme naplnené pláty a opekáme na strednom ohni do zlatista. Scedíme na savý papier a podávame horúce.

Kanda Vada

(cibuľová kotleta)

Ponuky 4

Ingrediencie

4 veľké cibule, nakrájané na plátky

4 zelené čili papričky nakrájané nadrobno

10 g/¼ oz listov koriandra, nasekaných

¾ lyžičky cesnakovej pasty

¾ lyžičky zázvorovej pasty

½ lyžičky kurkuma

Štipka sódy bikarbóny

Podľa chuti dosolíme

250 g / 9 oz besan*

Purifikovaný rastlinný olej na vyprážanie

Metóda

- Všetky ingrediencie okrem oleja zmiešame. Premiešajte a odložte na 10 minút.
- Na panvici rozohrejeme olej. Pridajte lyžicu zmesi do oleja a smažte na strednom ohni do zlatista. Podávajte horúce.

Ahoj Tuk

(Pikantný zemiakový snack)

Ponuky 4

Ingrediencie

8-10 baby zemiakov, predvarené

Podľa chuti dosolíme

Vyčistený rastlinný olej na vyprážanie

2 lyžice mätového chutney

2 polievkové lyžice sladkého paradajkového chutney

1 veľká cibuľa, nakrájaná

2-3 zelené čili papričky nakrájané nadrobno

1 ČL mletej čiernej soli

1 lyžička chaat masala*

Šťava z 1 citróna

Metóda

- Zemiaky zľahka roztlačíme. Navrch posypte soľou.
- Na panvici rozohrejeme olej. Pridajte zemiaky a opečte ich z oboch strán do zlatista.

- Zemiaky premiestnite na servírovací tanier. Doplňte ich mätovým chutney a sladkým paradajkovým chutney.
- Navrch posypeme cibuľou, zeleným čili, čiernou soľou, chaat masalou a citrónovou šťavou. Ihneď podávajte.

Kokosová kotleta

Robí 10

Ingrediencie

200 g strúhaného čerstvého kokosu

2,5 cm / 1 palec koreň zázvoru

4 zelené čili papričky

2 veľké cibule, nakrájané

50 g lístkov koriandra

4-5 kari listov

Podľa chuti dosolíme

2 veľké zemiaky, uvarené a roztlačené

2 vajcia, rozšľahané

100 g strúhanky

Purifikovaný rastlinný olej na vyprážanie

Metóda

- Kokos, zázvor, chilli papričky, cibuľku, koriandrové listy a kari listy spolu pomelieme. Odložte bokom.
- Zemiaky osolíme a dobre premiešame.
- Urobte zemiakové guľky veľkosti citróna a vyrovnajte ich v dlani.

- Do stredu každej placičky položte zmes mletého kokosu. Zatvorte ich ako tašku a opatrne vyrovnajte.
- Každú kotletu namočíme do rozšľahaného vajíčka a obalíme v strúhanke.
- Na panvici rozohrejeme olej. Vyprážajte kotlety do zlatista.
- Scedíme na savý papier a podávame horúce s mätovým chutney

Mung Sprout Dhokla

(Dušená torta z mungových klíčkov)

Robí 20

Ingrediencie

200 g naklíčených fazuliek mungo

150 g/5½ oz mung dhal*

2 polievkové lyžice kyslej smotany

Podľa chuti dosolíme

2 polievkové lyžice strúhanej mrkvy

Prečistený rastlinný olej na mazanie

Metóda

- Zmiešajte mungo fazuľu, mung dhal a kyslú smotanu. Rozdrvte na hladkú pastu. Dusíme 3-4 hodiny. Osolíme a odstavíme.
- Okrúhlu tortovú formu s priemerom 20 cm vymastíme. Nalejte do nej zmes dhal. Navrch nasypeme mrkvu a dusíme 7 minút.
- Nakrájajte na kúsky a podávajte horúce.

Paneer Pakoda

(Paneer vyprážaný na masle)

Ponuky 4

Ingrediencie

2 ½ lyžičky čili prášku

1 ¼ lyžičky amchoor*

250g/9oz panel*, nakrájame na veľké kusy

8 lyžíc besanu*

Podľa chuti dosolíme

Štipka sódy bikarbóny

150 ml / 5 fl oz vody

Purifikovaný rastlinný olej na vyprážanie

Metóda

- Zmiešajte 1 polievkovú lyžicu čili prášku a amchoor. Kúsky paneer marinujte v zmesi 20 minút.
- Besan zmiešame so zvyšným čili práškom, soľou, sódou bikarbónou a dostatočným množstvom vody, aby vzniklo cesto.
- Na panvici rozohrejeme olej. Každý kúsok paneeru ponorte do cesta a smažte na strednom ohni do zlatista.
- Podávame horúce s mätovým chutney

Indická sekaná

Ponuky 4

Ingrediencie

500 g / 1 lb 2 oz mleté hovädzie mäso

200g/7oz plátky slaniny

½ ČL zázvorovej pasty

½ lyžičky cesnakovej pasty

2 zelené čili papričky, nasekané

½ ČL mletého čierneho korenia

¼ lyžičky muškátového oriešku, strúhaného

Šťava z 1 citróna

Podľa chuti dosolíme

2 vajcia, rozšľahané

Metóda

- V hrnci zmiešame všetky ingrediencie okrem vajíčka.
- Varte na silnom ohni, kým zmes nie je suchá. Odložte nabok vychladnúť.
- Pridajte rozšľahané vajcia a dobre premiešajte. Nalejte do tortovej formy s rozmermi 20 x 10 cm/8 x 4 palce.
- Zmes dusíme 15-20 minút. Nechajte 10 minút vychladnúť. Nakrájajte na plátky a podávajte horúce.

Paneer Tikka

(Paneer Patty)

Ponuky 4

Ingrediencie

250g/9oz panel*, nakrájame na 12 častí

2 paradajky nakrájané na štvrtiny a zbavené dužiny

2 zelené papriky, zbavené semienok a nakrájané na štvrtiny

2 stredné cibule, nakrájané na štvrtiny

3-4 listy kapusty, nakrájané

1 malá cibuľa, nakrájaná nadrobno

Na marinádu:

1 ČL zázvorovej pasty

1 lyžička cesnakovej pasty

250g/9oz grécky jogurt

2 polievkové lyžice smotany

Podľa chuti dosolíme

Metóda

- Suroviny na marinádu spolu zmiešame. V tejto zmesi marinujte paneer, paradajky, papriku a cibuľu 2-3 hodiny.
- Napichajte jeden po druhom na špíz a grilujte na grile na drevené uhlie, kým kúsky panelov nezhnednú.
- Ozdobíme kapustou a cibuľou. Podávajte horúce.

Paneer kotleta

Robí 10

Ingrediencie

1 lyžica ghee

2 veľké cibule, nakrájané

2,5 cm zázvor, strúhaný

2 zelené čili papričky, nasekané

4 strúčiky cesnaku, nasekané

3 zemiaky, uvarené a roztlačené

300g/10oz kozí syr, scedený

1 lyžica hladkej bielej múky

3 lyžice nasekaných listov koriandra

50 g/1¾ oz strúhanky

Podľa chuti dosolíme

Vyčistený rastlinný olej na vyprážanie

Metóda

- Na panvici zohrejte ghee. Pridajte cibuľu, zázvor, čili a cesnak. Za častého miešania smažte, kým cibuľa nezhnedne. Odstráňte z tepla.
- Pridáme zemiaky, kozí syr, múku, lístky koriandra, strúhanku a soľ. Opatrne premiešame a zo zmesi tvarujeme rezne.
- Na panvici rozohrejeme olej. Filé opečte do zlatista. Podávajte horúce.

Dhal Ke Kebab

(Dhal Kebab)

Robí 12

Ingrediencie

600 g / 1 lb 5 oz masoor dhal*

1,2 litra / 2 litre vody

Podľa chuti dosolíme

3 lyžice nasekaných listov koriandra

3 polievkové lyžice kukuričnej múky

3 polievkové lyžice strúhanky

1 lyžička cesnakovej pasty

Purifikovaný rastlinný olej na vyprážanie

Metóda

- Dhal varte s vodou a soľou v hrnci na strednom ohni 30 minút. Prebytočnú vodu scedíme a uvarený dhal roztlačíme drevenou vareškou.
- Pridáme všetky ostatné suroviny okrem oleja. Dobre premiešame a zo zmesi vytvarujeme 12 placiek.
- Na panvici rozohrejeme olej. Steaky smažte do zlatista. Scedíme na savý papier a podávame horúce.

Pikantné ryžové guľky

Ponuky 4

Ingrediencie

100 g dusenej ryže

125 g/4½ oz besan*

125 g/4½ oz jogurt

½ lyžičky čili prášku

¼ lyžičky kurkumy

1 lyžička garam masala

Podľa chuti dosolíme

Purifikovaný rastlinný olej na vyprážanie

Metóda

- Ryžu roztlačte drevenou lyžicou. Pridáme všetky ostatné suroviny okrem oleja a dôkladne premiešame. Takto by malo vzniknúť cesto konzistencie tortovej zmesi. V prípade potreby pridajte vodu.
- Na panvici rozohrejeme olej. Pridajte lyžice cesta a smažte na strednom ohni do zlatista.
- Scedíme na savý papier a podávame horúce.

Výživný Roti Roll

Ponuky 4

Ingrediencie
Na plnenie:

1 lyžička semien rasce

1 lyžička masla

1 varený zemiak, roztlačený

1 uvarené vajce, nakrájané nadrobno

1 lyžica nasekaných listov koriandra

½ lyžičky čili prášku

Štipka mletého čierneho korenia

Štipka garam masaly

1 lyžica zelenej cibule, nakrájaná

Podľa chuti dosolíme

Pre potkany:

85g/3oz celozrnná múka

1 čajová lyžička rafinovaného rastlinného oleja

Štipka soli

Metóda

- Všetky ingrediencie na plnku spolu zmiešame a dobre premiešame. Odložte bokom.
- Zmiešajte všetky ingrediencie roti dohromady. Vymiesime na mäkké cesto.
- Z cesta tvarujte guľky veľkosti vlašského orecha a vyvaľkajte ich na kolieska.
- Roztlačenú plnku na tenko a rovnomerne rozotrieme na každý plát. Každý plát zrolujte do pevnej rolky.
- Rolky zľahka opečte na rozpálenej panvici. Podávajte horúce.

Kurací mätový kebab

Robí 20

Ingrediencie

500 g / 1 lb 2 oz mleté kuracie mäso

50 g/1¾oz lístkov mäty, nasekaných

4 zelené čili papričky nakrájané nadrobno

1 lyžička mletého koriandra

1 lyžička mletého kmínu

Šťava z 1 citróna

1 ČL zázvorovej pasty

1 lyžička cesnakovej pasty

1 vajce, rozšľahané

1 polievková lyžica kukuričnej múky

Podľa chuti dosolíme

Vyčistený rastlinný olej na vyprážanie

Metóda

- Zmiešajte všetky ingrediencie okrem oleja. Vymiesime na mäkké cesto.
- Cesto rozdelíme na 20 častí a každú vyrovnáme.
- Na panvici rozohrejeme olej. Smažte kebab na strednom ohni do zlatista. Podávame horúce s mätovým chutney

Masala čipsy

Ponuky 4

Ingrediencie

200g/7oz obyčajné solené zemiakové lupienky

2 cibule, nakrájané

10 g/¼ oz listov koriandra, nasekaných

2 čajové lyžičky citrónovej šťavy

1 lyžička chaat masala*

Podľa chuti dosolíme

Metóda

- Rozdrviť zemiakové lupienky. Pridajte všetky ingrediencie a dobre premiešajte.
- Ihneď podávajte.

Miešaná zelenina Samosa

(Slaná miešaná zelenina)

Robí 10

Ingrediencie

2 polievkové lyžice čisteného rastlinného oleja a extra na vyprážanie

1 veľká cibuľa, nakrájaná

175g/6oz zázvorová pasta

1 lyžička mletého rasce, nasucho opraženého

Podľa chuti dosolíme

2 zemiaky, uvarené a nakrájané nadrobno

125 g vareného hrášku

Na pečivo:

175g/6oz hladkej bielej múky

Štipka soli

2 polievkové lyžice rafinovaného rastlinného oleja

100 ml/3 ½ fl oz vody

Metóda

- Na panvici rozohrejeme 2 lyžice oleja. Pridáme cibuľu, zázvor a mletú rascu. Smažte 3-5 minút, stále miešajte.
- Osolíme, pridáme zemiaky a hrášok. Dôkladne premiešame a rozmixujeme. Odložte bokom.
- Z prísad cesta vytvorte šišky ako v recepte na zemiakovú samosu
- Každú šišku naplníme 1 polievkovou lyžicou zemiakovo-hráškovej zmesi a okraje zalepíme.
- Na panvici rozohrejeme olej a šišky opečieme do zlatista.
- Scedíme a podávame horúce s kečupom alebo mätovým chutney

Rolky z múky

Robí 12

Ingrediencie

500 g / 1 lb 2 oz mleté jahňacie mäso

2 zelené čili papričky, nasekané

2,5 cm/1 palec nasekaný zázvor

2 strúčiky cesnaku, nasekané

1 lyžička garam masala

1 veľká cibuľa, nakrájaná

25 g/ skromné 1 oz listy koriandra, nasekané

1 vajce, rozšľahané

Podľa chuti dosolíme

50 g/1¾ oz strúhanky

Purifikovaný rastlinný olej na plytké vyprážanie

Metóda

- Všetky suroviny okrem strúhanky a oleja spolu zmiešame. Zmes rozdeľte na 12 valcových častí. Vyvaľkáme v strúhanke. Odložte bokom.
- Na panvici rozohrejeme olej. Žemle opečte na miernom ohni do zlatista zo všetkých strán.
- Podávame horúce so zeleným kokosovým chutney

Golli kebab

(Zeleninové rolky)

Robí 12

Ingrediencie

1 veľká mrkva, nakrájaná

50 g francúzskej fazule, nasekané

50 g kapusty nakrájanej nadrobno

1 malá cibuľa, nastrúhaná

1 lyžička cesnakovej pasty

2 zelené čili papričky

Podľa chuti dosolíme

½ ČL práškového cukru

½ lyžičky amchoor*

50 g/1¾ oz strúhanky

125 g/4½ oz besan*

Vyčistený rastlinný olej na vyprážanie

Metóda

- Zmiešajte všetky ingrediencie okrem oleja. Vytvarujte 12 valcov.
- Na panvici rozohrejeme olej. Vyprážajte valce do zlatista.
- Podávame horúce s kečupom.

Mathis

(Zadarmo vyprážané sourries)

Robí 25

Ingrediencie

350g/12oz hladkej bielej múky

200 ml/7 fl oz teplej vody

1 lyžica ghee

1 lyžička semienok ajowan

1 lyžica ghee

Podľa chuti dosolíme

Purifikovaný rastlinný olej na vyprážanie

Metóda

- Zmiešajte všetky ingrediencie okrem oleja. Vymiesime na vláčne cesto.
- Cesto rozdeľte na 25 častí. Každú časť rozvaľkajte na kotúč s priemerom 5 cm. Plechy popichajte vidličkou a odložte na 30 minút.
- Na panvici rozohrejeme olej. Pláty opekáme, kým nezískajú svetlohnedú farbu.
- Nechajte odkvapkať na savom papieri. Ochlaďte a skladujte vo vzduchotesnej nádobe.

Poha Pakoda

Ponuky 4

Ingrediencie

100 g/3 ½ oz poha*

500 ml / 16 fl oz vody

125 g nahrubo pomletých arašidov

½ ČL zázvorovej pasty

½ lyžičky cesnakovej pasty

2 čajové lyžičky citrónovej šťavy

1 lyžička cukru

1 lyžička mletého koriandra

½ ČL mletého kmínu

10 g/¼ oz listov koriandra, nasekaných

Podľa chuti dosolíme

Purifikovaný rastlinný olej na vyprážanie

Metóda

- Bravčové mäso namočte na 15 minút do vody. Scedíme a zmiešame so zvyškom surovín okrem oleja. Vytvarujte guľky veľkosti vlašského orecha.
- Na panvici rozohrejeme olej. Poha guľôčky smažte na strednom ohni, kým nezískajú zlatohnedú farbu.
- Nechajte odkvapkať na savom papieri. Podávame horúce s mätovým chutney

Hariyali Murgh Tikka

(Zelené kuracie tikka)

Ponuky 4

Ingrediencie

650g/1lb 6oz kura bez kosti, nakrájané na 5 cm/2 palce

Purifikovaný rastlinný olej na opaľovanie

Na marinádu:

Podľa chuti dosolíme

125 g/4½ oz jogurt

1 polievková lyžica zázvorovej pasty

1 polievková lyžica cesnakovej pasty

25 g/ málo 1 oz lístkov mäty, mleté

25 g/ málo 1 oz listov koriandra, mleté

50 g/1¾ oz špenát, mletý

2 lyžice garam masala

3 polievkové lyžice citrónovej šťavy

Metóda

- Suroviny na marinádu spolu zmiešame. Kuracie mäso v tejto zmesi marinujeme 5-6 hodín v chladničke. Vyberte z chladničky aspoň hodinu pred varením.
- Kuracie kúsky grilujeme na špízoch alebo na olejom vymastenom plechu. Smažte, kým kurča nie je hnedé zo všetkých strán. Podávajte horúce.

Boti kebab

(Jahňací kebab veľkosti tyčinky)

Robí 20

Ingrediencie

500 g/1 lb 2 oz vykostené jahňacie mäso nakrájané na malé kúsky

1 ČL zázvorovej pasty

2 lyžičky cesnakovej pasty

2 ČL zelené čili

½ lyžičky mletého koriandra

½ lyžice mletého kmínu

¼ lyžičky kurkumy

1 lyžička čili prášku

¾ lyžičky garam masala

Šťava z 1 citróna

Podľa chuti dosolíme

Metóda

- Všetky ingrediencie dôkladne premiešame a necháme 3 hodiny odležať.
- Napichajte kúsky jahňacieho mäsa. Pečieme na grile na drevené uhlie 20 minút do zlatista. Podávajte horúce.

Chat

(Slaná zemiaková pochúťka)

Ponuky 4

Ingrediencie

Vyčistený rastlinný olej na vyprážanie

4 stredné zemiaky uvarené, ošúpané a nakrájané na 2,5 cm kúsky

½ lyžičky čili prášku

Podľa chuti dosolíme

1 lyžička mletého rasce, nasucho opraženého

1½ lyžičky chaat masala*

1 čajová lyžička citrónovej šťavy

2 polievkové lyžice horúceho a sladkého mangového chutney

1 polievková lyžica mätového chutney

10 g/¼ oz listov koriandra, nasekaných

1 veľká cibuľa, nakrájaná

Metóda

- Na panvici rozohrejeme olej. Zemiaky opečte na miernom ohni do zlatista zo všetkých strán. Nechajte odkvapkať na savom papieri.
- V miske zmiešame zemiaky s čili práškom, soľou, mletým rascou, chaat masalou, citrónovou šťavou, pikantným a sladkým mangovým chutney a mätovým chutney. Ozdobte lístkami koriandra a cibuľou. Ihneď podávajte.

Kokosová dosa

(kokosová ryžová palacinka)

Robí 10-12

Ingrediencie

250 g ryže namočenej na 4 hodiny

100 g/3 ½ oz poha*, namočte na 15 minút

100 g dusenej ryže

50 g/1¾ oz strúhaného čerstvého kokosu

50 g nasekaných listov koriandra

Podľa chuti dosolíme

12 čajových lyžičiek rafinovaného rastlinného oleja

Metóda

- Všetky suroviny okrem oleja spolu vymixujeme na husté cesto.
- Plochú panvicu vymastíme a zohrejeme. Nalejte lyžicu cesta a zadnou stranou lyžice ho rozložte na tenký krep. Prelejeme lyžičkou oleja. Varte do chrumkava. Opakujte pre zvyšok cesta.
- Podávame horúce s kokosovým chutney

Placky zo sušeného ovocia

Robí 8

Ingrediencie

50 g/1¾oz zmiešaného sušeného ovocia, nasekané

2 polievkové lyžice horúceho a sladkého mangového chutney

4 veľké zemiaky, uvarené a roztlačené

2 zelené čili papričky, nasekané

1 polievková lyžica kukuričnej múky

Podľa chuti dosolíme

Vyčistený rastlinný olej na vyprážanie

Metóda

- Sušené ovocie vmiešame do horúceho a sladkého mangového chutney. Odložte bokom.
- Zemiaky, zelené čili, kukuričnú krupicu a soľ zmiešame.
- Zmes rozdeľte na 8 guľôčok o veľkosti citróna. Vyrovnajte ich miernym stlačením medzi dlaňami.
- Do stredu každého dajte trochu zmesi sušeného ovocia a uzatvorte ako vrecko. Ešte raz sploštiť do placiek.
- Na panvici rozohrejeme olej. Pridajte steaky a opekajte na miernom ohni do zlatista zo všetkých strán. Podávajte horúce.

Varená ryža Dosa

Robí 10-12

Ingrediencie

100 g dusenej ryže

250 g / 9 oz besan*

3-4 zelené čili papričky nakrájané nadrobno

1 cibuľa, nakrájaná

50 g nasekaných listov koriandra

8 kari listov, nasekaných

Troška asafoetidy

3 polievkové lyžice jogurtu

Podľa chuti dosolíme

150 ml / 5 fl oz vody

12 čajových lyžičiek rafinovaného rastlinného oleja

Metóda

- Všetky ingrediencie spolu zmiešame. Zľahka premiešajte a pridajte trochu vody, aby ste vytvorili husté cesto.
- Plochú panvicu vymastíme a zohrejeme. Nalejeme naň lyžicu cesta a rozvaľkáme na tenký krep. Okolo nalejte lyžičku oleja. Varte do chrumkava. Opakujte pre zvyšok cesta.
- Podávame horúce s kokosovým chutney

Nevarené banánové karbonátky

Robí 10

Ingrediencie

6 zrelých banánov, uvarených a roztlačených

3 zelené čili papričky nakrájané nadrobno

1 malá cibuľa, nakrájaná

¼ lyžičky kurkumy

1 polievková lyžica kukuričnej múky

1 lyžička mletého koriandra

1 lyžička mletého kmínu

1 čajová lyžička citrónovej šťavy

½ ČL zázvorovej pasty

½ lyžičky cesnakovej pasty

Podľa chuti dosolíme

Purifikovaný rastlinný olej na plytké vyprážanie

Metóda

- Zmiešajte všetky ingrediencie okrem oleja. Ťažko pracovať.
- Rozdeľte na 10 rovnakých guličiek. Vyrovnajte do placiek.
- Na panvici rozohrejeme olej. Pridajte niekoľko steakov naraz a opečte do zlatista zo všetkých strán.
- Podávame horúce s kečupom alebo mätovým chutney

Sooji Vada

(Vyprážaný krupičný prášok)

Robí 25-30

Ingrediencie

200g/7oz krupice

250 g jogurtu

1 veľká cibuľa, nakrájaná

2,5 cm zázvor, strúhaný

8 kari listov

4 zelené čili papričky nakrájané nadrobno

½ čerstvého kokosu, mletého

Podľa chuti dosolíme

Purifikovaný rastlinný olej na vyprážanie

Metóda

- Všetky suroviny okrem oleja spolu vymiešame na husté cesto. Odložte bokom.
- Na panvici rozohrejeme olej. Opatrne pridajte lyžice cesta a smažte na strednom ohni do zlatista.
- Nechajte odkvapkať na savom papieri. Podávame horúce s mätovým chutney

Sweet 'n' Sour slané kúsky

Robí 20

Ingrediencie

2 polievkové lyžice rafinovaného rastlinného oleja

1 ČL horčičných semienok

1 čajová lyžička sezamových semienok

7-8 kari listov

2 lyžice koriandrových listov, nasekaných

Pre Muthiu:

200g/7oz dusená ryža

50 g strúhanej kapusty

1 stredná mrkva, strúhaná

125 g mrazeného hrášku, rozmrazeného a roztlačeného

4 zelené čili papričky nakrájané nadrobno

1 ČL zázvorovej pasty

1 lyžička cesnakovej pasty

2 polievkové lyžice práškového cukru

2 polievkové lyžice citrónovej šťavy

Štipka kurkumy

1 lyžička garam masala

3 polievkové lyžice paradajkovej omáčky

Podľa chuti dosolíme

Metóda

- Všetky ingrediencie muthia spolu zmiešame v miske. Ťažko pracovať.
- Zmes preložíme do vymastenej 20 cm okrúhlej tortovej formy a rovnomerne rozotrieme.
- Vložte panvicu do parného hrnca a varte 15-20 minút. Odložte na 15 minút vychladnúť. Nakrájajte na kúsky v tvare diamantu. Odložte bokom.
- Na panvici rozohrejeme olej. Pridajte horčičné semienka, sezamové semienka a kari listy. Nechajte ich striekať 15 sekúnd.
- Nalejte to priamo na muthias. Ozdobte koriandrom a podávajte horúce.

Krevetové karbonátky

Ponuky 4

Ingrediencie

2 polievkové lyžice čisteného rastlinného oleja plus na vyprážanie

1 cibuľa, nakrájaná

2,5 cm/1 palec nasekaný zázvor

2 strúčiky cesnaku, nasekané

250g/9oz krevety, očistené a zbavené

1 lyžička garam masala

Podľa chuti dosolíme

1 čajová lyžička citrónovej šťavy

2 lyžice nasekaných listov koriandra

5 veľkých zemiakov uvarených a roztlačených

100 g strúhanky

Metóda

- Na panvici rozohrejeme 2 lyžice oleja. Pridajte cibuľu a opečte, kým nebude priehľadná.
- Pridajte zázvor a cesnak a na miernom ohni minútu restujte.
- Pridajte krevety, garam masalu a soľ. Varte 5-7 minút.
- Pridajte citrónovú šťavu a lístky koriandra. Dobre premiešame a odstavíme.
- Zemiaky posolíme a vytvarujeme karbonátky. Na každú placičku dáme trochu krevetovej zmesi. Zatvorte do vrecúšok a vyrovnajte. Odložte bokom.
- Na panvici rozohrejeme olej. Steaky obalíme v strúhanke a opečieme do zlatista. Podávajte horúce.

Reshmi kebab

(kurací kebab v krémovej mariháde)

Robí 10-12

Ingrediencie

250 ml/8 fl oz kyslej smotany

1 ČL zázvorovej pasty

1 lyžička cesnakovej pasty

1 lyžička soli

1 vajce, rozšľahané

120 ml/4 fl oz dvojitá smotana

500 g / 1 lb 2 oz vykostené kuracie mäso, nakrájané

Metóda

- Zmiešajte spolu kyslú smotanu, zázvorovú pastu a cesnakovú pastu. Pridajte soľ, vajce a smotanu, aby ste vytvorili hustú pastu.
- V tejto zmesi marinujte kurča 2-3 hodiny.
- Kúsky napichajte na špíz a opečte na grile na drevené uhlie do svetlohneda.
- Podávajte horúce.

Potešenie z popraskanej pšenice

Robí 15

Ingrediencie

250 g nasekanej pšenice, jemne opečená

150 g/5½ oz mung dhal*

300 ml / 10 fl oz vody

125 g mrazeného hrášku

60 g strúhanej mrkvy

1 lyžica pražených arašidov

1 lyžica tamarindovej pasty

1 lyžička garam masala

1 lyžička čili prášku

¼ lyžičky kurkumy

1 lyžička soli

1 lyžica nasekaných listov koriandra

Metóda

- Namočte drvenú pšenicu a mung dhal do vody na 2-3 hodiny.
- Pridajte ostatné ingrediencie okrem koriandrových listov a dobre premiešajte.
- Zmes vylejeme do tortovej formy s priemerom 20 cm. Varte v pare 10 minút.
- Ochlaďte a nakrájajte na kúsky. Ozdobte koriandrom. Podávame so zeleným kokosovým chutney

Methi Dhokla

(parený koláč z pískavice gréckej)

Robí 12

Ingrediencie

200g/7oz krátkozrnná ryža

150 g / 5½ oz urad dhal*

Podľa chuti dosolíme

25 g/ málo 1 oz listov senovky gréckej, nasekaných

2 ČL zelené čili

1 polievková lyžica kyslej smotany

Prečistený rastlinný olej na mazanie

Metóda

- Namočte ryžu a dhal spolu na 6 hodín.
- Zomelieme na hustú kašu a necháme 8 hodín kysnúť.
- Pridajte zvyšok ingrediencií. Dobre premiešajte a nechajte ďalších 6-7 hodín.
- Okrúhlu tortovú formu s priemerom 20 cm vymastíme. Nalejte cesto do panvice a varte v pare 7-10 minút.
- Podávajte horúce s akýmkoľvek sladkým chutney.

Hrachové steaky

Robí 12

Ingrediencie

2 polievkové lyžice čisteného rastlinného oleja a extra na vyprážanie

1 lyžička semien rasce

600 g/1 lb 5 oz varený hrášok, roztlačený

1 ½ lyžičky amchoor*

1½ ČL mletého koriandra

Podľa chuti dosolíme

½ ČL mletého čierneho korenia

6 zemiakov, uvarených a prelisovaných

2 krajce chleba

Metóda

- Na panvici rozohrejeme 2 lyžice oleja. Pridajte kmínové semienka. Po 15 sekundách pridajte hrášok, amchoor a koriander. Pečieme 2 minúty. Odložte bokom.
- K zemiakom pridajte soľ a korenie. Odložte bokom.
- Plátky chleba ponorte do vody. Stlačte ich medzi dlaňami a vytlačte prebytočnú vodu. Odstráňte šupku a pridajte plátky do zmesi zemiakov. Dobre premiešajte. Zmes rozdeľte na guľôčky veľkosti citróna.
- Každú guľôčku sploštíme a do stredu dáme lyžicu hrachovej zmesi. Utesnite ako vrece a znova vyrovnajte.
- Na panvici rozohrejeme olej. Steaky smažte do zlatista. Podávajte horúce.

Názov

(chrumkavý múčny trojuholník)

Robí 20

Ingrediencie

500 g / 1 lb 2 oz besan*

75 g / 2½ oz ghí

1 lyžička soli

1 lyžička semien rasce

1 lyžička semienok ajowan

200 ml / 7 fl oz vody

Podľa chuti dosolíme

Purifikovaný rastlinný olej na vyprážanie

Metóda

- Zmiešajte všetky ingrediencie okrem oleja. Vymiesime na tuhé cesto.
- Formujte guľky veľkosti vlašského orecha. Rozvaľkajte na tenké kotúče. Rozrežte na polovicu a zložte na trojuholníky.
- Na panvici rozohrejeme olej. Vyprážajte trojuholníky na strednom ohni do zlatista. Uchovávajte v chladničke a uchovávajte vo vzduchotesnej nádobe až 8 dní.

Dahi Pakoda Chaat

(šošovicové jedy vyprážané v jogurte)

Ponuky 4

Ingrediencie

200 g/7 oz mung dhal*

200 g / 7 oz urad dhal*

1 cm/½ v koreni zázvoru, nasekaný

3 lyžice nasekaných listov koriandra

Podľa chuti dosolíme

Purifikovaný rastlinný olej na vyprážanie

125g/4½oz sladkého paradajkového chutney

125 g mätového chutney

175 g šľahaného jogurtu

½ ČL čiernej soli

1 lyžica mletého kmínu, nasucho opraženého

3 lyžice Bombay Mix*

Metóda

- Namočte dhaly spolu na 4-5 hodín. Scedíme a pridáme zázvor, 2 lyžice koriandrových listov a soľ. Rozotrieme na hrubšie cesto. Odložte bokom.

- Na panvici rozohrejeme olej. Keď začne dymiť, po lyžiciach pridávame cesto. Vyprážajte do zlatista. Nechajte odkvapkať na savom papieri.
- Vyprážané pakody položte na servírovací tanier. Pakodu posypte mätovým chutney, sladkým paradajkovým chutney a jogurtom. Na vrch posypte zvyšné ingrediencie. Ihneď podávajte.

Kudithal Dhokla

(Zlomený šošovicový koláč)

Robí 20

Ingrediencie

250 g/8 oz mung dhal*

150 ml/5 fl oz kyslej smotany

Podľa chuti dosolíme

1 ČL zázvorovej pasty

Metóda

- Namočte dhal do kyslej smotany na 4-5 hodín. Rozdrvte na hustú pastu.
- Pridajte soľ a zázvorovú pastu. Dobre premiešajte.
- Vylejeme do tortovej formy s priemerom 20 cm a dusíme 10 minút.
- Odložte na 10 minút vychladnúť. Nakrájajte na kúsky veľkosti sústa a podávajte horúce.

Ghugni

(Pikantný bengálsky gram)

Podáva 5-6

Ingrediencie

600 g / 1 lb 5 oz chana dhal*, namočené cez noc

450 ml / 15 fl oz vody

Štipka sódy bikarbóny

Podľa chuti dosolíme

2 lyžice ghee

400 g čerstvého kokosu, nasekaný

2 lyžice horčičného oleja

1 veľká cibuľa, nakrájaná

½ lyžičky kurkuma

1 lyžička mletého kmínu

½ ČL zázvorovej pasty

2 zelené čili papričky, nasekané

2 bobkové listy

1 lyžička cukru

¼ lyžičky mletej škorice

¼ lyžičky mletého kardamónu

¼ lyžičky mletých klinčekov

2 polievkové lyžice citrónovej šťavy

Metóda

- Zmiešajte chana dhal s vodou, sódou bikarbónou a soľou v hrnci. Varte 30 minút na strednom ohni. Odložte bokom.
- Na panvici zohrejte 1 polievkovú lyžicu ghee. Opražte kúsky kokosu. Odložte bokom.
- Na panvici rozohrejeme horčičný olej. Na strednom ohni opečte cibuľu do hneda.
- Pridajte kurkumu, mletú rascu, zázvorovú pastu a zelené čili. Pečieme 3 minúty.
- Pridajte uvarený dhal, opražené kúsky kokosu, bobkové listy a cukor. Dôkladne premiešame.
- Navrch posypeme škoricou, kardamónom, klinčekmi, citrónovou šťavou a zvyšným ghee. Dobre vyhoďte, aby sa srsť.
- Podávajte horúce s puris alebo tak, ako je.

Hrášok Pulao

(Pilau ryža s hráškom)

Ponuky 4

Ingrediencie

4 polievkové lyžice čisteného rastlinného oleja

1 lyžička semien rasce

½ ČL zázvorovej pasty

2 zelené čili papričky, nasekané

200 g / 7 oz varený hrášok

Podľa chuti dosolíme

300g/10oz dusená ryža

Metóda

- Na panvici rozohrejeme olej. Pridajte kmínové semienka. Nechajte ich striekať 15 sekúnd.

- Pridajte zázvorovú pastu a zelené čili. Zmes smažte na miernom ohni minútu.

- Pridáme hrášok a soľ. Dobre premiešajte 5 minút.

- Pridajte ryžu. Dobre premiešajte. Prikryjeme pokrievkou a pulao dusíme 5 minút. Podávajte horúce.

Kuracie Pulao

(Kura varené s ryžou pilau)

Ponuky 4

Ingrediencie

500 g/1 lb 2 oz dlhozrnná ryža

Podľa chuti dosolíme

1 lyžička kurkumy

1 polievková lyžica citrónovej šťavy

50 g/1¾ oz listy koriandra, mleté

1 kg/2 ¼ lb kuracie mäso, zbavené kože a nakrájané na kocky

9 polievkových lyžíc čisteného rastlinného oleja

4 veľké cibule, nakrájané

2 paradajky, nakrájané

2 ČL zázvorovej pasty

1½ lyžičky cesnakovej pasty

2 lyžičky garam masala

1 liter/1¾ pinty horúcej vody

Metóda

- Namočte ryžu na 30 minút. Odložte bokom.

- Zmiešajte soľ, kurkumu, citrónovú šťavu a lístky koriandra. Kuracie mäso marinujeme v zmesi 1 hodinu.

- Na panvici rozohrejeme 8 lyžíc oleja. Pridajte tri štvrtiny cibule a varte do priehľadnosti.

- Pridajte paradajky, zázvorovú pastu, cesnakovú pastu, garam masalu a marinované kuracie mäso. Smažte 10 minút na miernom ohni, občas premiešajte.

- Pridáme namočenú ryžu a horúcu vodu. Prikryjeme pokrievkou a dusíme 7-10 minút.

- Na 1 lyžici oleja opražíme zvyšok cibule do zlatista. Posypte pulao.

- Podávajte horúce.

Vaangi Bhaat

(baklažánová ryža)

Ponuky 4

Ingrediencie

3 polievkové lyžice rafinovaného rastlinného oleja

2 veľké cibule, nakrájané

300 g/10 oz baklažánov nakrájaných na kocky

1½ ČL mletého koriandra

1 lyžička čili prášku

½ ČL zázvorovej pasty

½ lyžičky cesnakovej pasty

Podľa chuti dosolíme

500 g/1 lb 2 oz dlhozrnná ryža, namočená a odkvapkaná

1 liter/1¾ pinty horúcej vody

1 lyžica nasekaných listov koriandra

Metóda

- Na panvici rozohrejeme olej. Opečte cibuľu, kým nebude priehľadná. Pridajte všetky ingrediencie okrem ryže, horúcej vody a koriandra. Pečieme 4-5 minút.

- Pridajte ryžu a vodu. Dobre premiešajte. Prikryjeme pokrievkou a varíme 10-15 minút. Ozdobte lístkami koriandra. Podávajte horúce.

Hrachovo-hubové Pulao

Ponuky 4

Ingrediencie

3 polievkové lyžice rafinovaného rastlinného oleja

1 veľká cibuľa, nakrájaná

3 zelené čili papričky, rozrezané pozdĺžne

Štipka kurkumy

1 paradajka nakrájaná nadrobno

200 g hrášku

200 g šampiňónov, mierne podusených a nakrájaných na plátky

Podľa chuti dosolíme

300g/10oz dusená ryža basmati

Metóda

- Na panvici rozohrejeme olej. Pridajte cibuľu, zelené čili a kurkumu a za občasného miešania smažte na strednom ohni 8-10 minút.

- Pridáme paradajku a chvíľu restujeme.

- Pridajte hrášok, polovicu húb a soľ. Varte na miernom ohni do mäkka.

- Pridajte ryžu a dobre premiešajte. Varte 5 minút.

- Ozdobte pulao zvyšnými plátkami húb. Podávajte horúce.

Zelené Pulao

Ponuky 4

Ingrediencie

150 g nasekaných listov koriandra

50 g lístkov mäty

4 polievkové lyžice čisteného rastlinného oleja

3 malé cibule, nakrájané

1 lyžička garam masala

½ ČL zázvorovej pasty

½ lyžičky cesnakovej pasty

Podľa chuti dosolíme

125 g hrášku

2 veľké zemiaky nakrájané na plátky a vyprážané

200g/7oz dlhozrnná ryža, predvarená

Metóda

- Koriander a lístky mäty pomelieme na pastu. Odložte bokom.

- Na panvici rozohrejeme olej. Pridajte cibuľu a opečte ju na strednom ohni, kým nebude priehľadná. Pridajte garam masala, zázvorovú pastu a cesnakovú pastu. Pečieme 2 minúty. Pridajte koriandrovo-mätovú pastu. Varte do zhustnutia.

- Osolíme, pridáme hrášok a zemiaky. Dobre premiešajte. Pridajte ryžu a jemne premiešajte. Prikryjeme pokrievkou a pulao dusíme 5 minút. Podávajte horúce.

Slávnostné Pulao

Ponuky 4

Ingrediencie

1 polievková lyžica ghí plus navyše na vyprážanie

4 veľké cibule, nakrájané nadrobno

2,5 cm/1 v škorici

3 klinčeky

2 bobkové listy

3 zelené struky kardamónu

1 liter / 1¾ pinty vody

500g/1lb 2oz ryža basmati, namočená na 30 minút a scedená

Podľa chuti dosolíme

60g/2oz kešu, pražené

60g/2oz hrozienok, pečené

Metóda

- Na panvici zohrejte ghee na vyprážanie. Pridajte cibuľu a opečte ju na strednom ohni do hneda. Cibuľu odložte nabok.

- Na ďalšej panvici zohrejte 1 polievkovú lyžicu ghee. Pridajte škoricu, klinčeky, bobkové listy a kardamón. Smažte 15 sekúnd, pridajte vodu a priveďte do varu.

- Pridáme scedenú ryžu a soľ. Varte 10-15 minút. Ozdobte pulao opraženou cibuľou, kešu a hrozienkami. Podávajte horúce.

Pulihora

(tamarindová ryža)

Ponuky 6

Ingrediencie

750 g/1 lb 10 oz dlhozrnná ryža, predvarená

½ lyžičky kurkuma

20 kari listov

7 polievkových lyžíc čisteného rastlinného oleja

½ lyžičky horčičných semienok

2 lyžice mung dhal*

3 sušené červené chilli papričky, nasekané

8 zrniek čierneho korenia

½ lyžičky asafoetida

125 g pražených arašidov

2 zelené čili papričky, rozrezané pozdĺžne

5 polievkových lyžíc tamarindovej pasty

Podľa chuti dosolíme

1 lyžica mletých sezamových semienok

50 g nasekaných listov koriandra

Metóda

- Zmiešajte ryžu, kurkumu, polovicu kari listov a 2 lyžice oleja. Odložte bokom.

- Na panvici zohrejte zvyšný olej. Smažte horčicu, mung dhal, červené chilli, korenie, asafoetida a arašidy, kým arašidy nezhnednú.

- Pridajte zvyšné kari listy, zelené čili a tamarindovú pastu. Zmes jemne miešajte 5-7 minút. Osolíme, pridáme mleté sezamové semienka a lístky koriandra. Podávajte horúce.

Tadka ryža

(Ryža s klasickým indickým twistom)

Ponuky 4

Ingrediencie

2 polievkové lyžice rafinovaného rastlinného oleja

1 lyžička semien rasce

1 zelené čili, nasekané

5-6 kari listov

Štipka kurkumy

2 lyžice pražených arašidov

Podľa chuti dosolíme

300g/10oz dusená ryža

Metóda

- Na panvici rozohrejeme olej. Pridajte všetky ingrediencie okrem soli a ryže a smažte ich na strednom ohni 20 sekúnd.

- Pridajte soľ a ryžu. Miešajte 3-4 minúty. Podávajte horúce.

Cous Cous Biryani

Ponuky 4

Ingrediencie

100 g kuskusu

600 ml/1 litra horúcej vody

2 polievkové lyžice rafinovaného rastlinného oleja

2-3 klinčeky

2-3 struky zeleného kardamónu

1 lyžička rasce

Podľa chuti dosolíme

1 stredná cibuľa, nakrájaná

1 paradajka nakrájaná nadrobno

1 stredný zemiak, nakrájaný na kocky

¼ lyžičky kurkumy

125 g hustého jogurtu

10 g/¼ oz listov koriandra, nasekaných

Metóda

- Kuskus dobre umyte. Preložíme do misky. Pridajte 500 ml/16 fl oz horúcej vody a nechajte pôsobiť 30 minút.
- Namočený kuskus dusíme 10 minút. Odstráňte z tepla a nechajte hodinu vychladnúť.
- Na panvici zohrejte 1 lyžicu oleja. Pridáme klinčeky, kardamón, rascu a soľ. Zmes smažte 2-3 minúty na strednom ohni. Odložte bokom.
- Zvyšný olej zohrejte na panvici. Pridajte cibuľu a opečte ju na miernom ohni 2-3 minúty. Pridajte paradajky, zemiaky a zvyšok vody. Zmes varte na miernom ohni 5-6 minút za častého miešania.
- Pridajte kurkumu, jogurt a soľ. Dobre premiešajte.
- Pridajte kuskus. Zmes jemne premiešajte. Dusíme 10-15 minút.
- Ozdobte biryani listami koriandra. Podávajte horúce.

Hubová ryža

Ponuky 4

Ingrediencie

4 polievkové lyžice čisteného rastlinného oleja

2 bobkové listy

4 jarné cibuľky nakrájané nadrobno

2 veľké cibule, nakrájané

2 paradajky nakrájané nadrobno

1 lyžička garam masala

½ ČL zázvorovej pasty

1 lyžička mletého kmínu

1 lyžička mletého koriandra

½ lyžičky čili prášku

150 g/5 ½ oz nakrájané na kocky, nakrájané na plátky

Podľa chuti dosolíme

300g/10oz dusená ryža

Metóda

- Na panvici rozohrejeme olej. Pridajte bobkové listy a jarnú cibuľku a opečte ich, kým jarná cibuľka nezpriehľadní. Pridajte cibuľu a varte na strednom ohni, kým nebudú priehľadné.
- Pridajte paradajky, garam masala, zázvorovú pastu, mletú rascu, mletý koriander a čili prášok. Smažte minútu na strednom ohni.
- Pridajte huby a soľ. Varte 5-7 minút. Pridajte ryžu.
- Dôkladne premiešajte a smažte na miernom ohni 5-7 minút. Podávajte horúce.

Jednoduchá kokosová ryža

Ponuky 4

Ingrediencie

1 lyžica ghee

2 klinčeky

2,5 cm/1 v škorici

2 zelené struky kardamónu

3 zrnká čierneho korenia

500g/1lb 2oz ryža basmati

Podľa chuti dosolíme

250 ml/8 fl oz horúcej vody

500 ml/16 fl oz kokosové mlieko

60g/2oz čerstvého strúhaného kokosu

Metóda

- Na panvici zohrejte ghee. Pridajte klinčeky, škoricu, kardamón a korenie. Nechajte ich striekať 30 sekúnd.
- Pridáme ryžu, soľ, vodu a kokosové mlieko. Zmes dusíme 12-15 minút za pravidelného miešania.
- Ryžu ozdobíme strúhaným kokosom. Podávajte horúce.

Zmiešané Pulao

Ponuky 4

Ingrediencie

250g/9oz dlhozrnná ryža

150 g/5½ oz masoor dhal*

60 g/2 oz kuskus

500 ml / 16 fl oz vody

4 polievkové lyžice čisteného rastlinného oleja

1 veľká cibuľa, nakrájaná

3 klinčeky

2,5 cm/1 v škorici

50 g/1¾oz listov senovky gréckej, nasekaných

2 mrkvy, strúhané

¼ lyžičky kurkumy

1 lyžička garam masala

Podľa chuti dosolíme

Metóda

- V hrnci zmiešame ryžu, dhal, kuskus a vodu. Zmes varíme na miernom ohni 45 minút. Odložte nabok vychladnúť.
- Na panvici rozohrejeme olej. Cibuľu smažte na strednom ohni, kým nebude priehľadná. Pridajte všetky ostatné ingrediencie a varte 2-3 minúty.
- Pridajte zmes ryže-dhal. Dôkladne premiešame. Podávajte horúce.

Citrónová ryža

Ponuky 4

Ingrediencie

4 polievkové lyžice čisteného rastlinného oleja

1 ČL horčičných semienok

2 lyžičky urad dhal*

2 lyžičky chana dhal*

8 kari listov

4 zelené čili papričky, rozkrojené pozdĺžne

½ lyžičky kurkuma

2 veľké cibule, nakrájané

60g/2oz strúhaného čerstvého kokosu

2 polievkové lyžice citrónovej šťavy

Podľa chuti dosolíme

300g/10oz dusená ryža

Metóda

- Na panvici rozohrejeme olej. Pridajte horčičné semienka. Nechajte ich striekať 15 sekúnd.
- Pridajte oba dhaly a smažte ich na strednom ohni 15 minút za častého miešania. Pridajte kari listy, zelené čili, kurkumu, cibuľu a strúhaný kokos. Túto zmes smažte na miernom ohni minútu.
- Pridáme citrónovú šťavu, soľ a ryžu. Ryžu dobre premiešame. Podávajte horúce.

Ryža Manipuri

Ponuky 4

Ingrediencie

7 strúčikov cesnaku

7 červených čili papričiek

2,5 cm / 1 palec koreň zázvoru

1 lyžica koriandrových semienok

4 ½ lyžice ghee

2 veľké cibule, nakrájané na plátky

250 g mrazenej zeleniny

2 veľké zemiaky uvarené a nakrájané na kocky

500 ml / 16 fl oz vody

Podľa chuti dosolíme

2 lyžice nasekaných listov koriandra

1 paradajka, nakrájaná na plátky

300g/10oz dusená ryža

Metóda

- Cesnak, čili, zázvor a semienka koriandra spolu pomelieme. Odložte bokom.
- Na panvici zohrejte pol polievkovej lyžice ghee. Smažte cibuľu na strednom ohni do hneda. Odložte bokom.
- Zohrejte zvyšné ghee na panvici. Pomletú cesnakovo-čili zmes smažte na strednom ohni 3-5 minút. Pridajte zeleninu a zemiaky. Pečieme 3 minúty.
- Pridáme ostatné suroviny okrem ryže. Dusíme 5-7 minút.
- Pridajte ryžu. Dobre premiešame a varíme 3-4 minúty. Podávajte horúce.

Sezamové Pulao

(Sezamové semienka varené s ryžou pilau)

Ponuky 4

Ingrediencie

2 lyžice ghee

1 polievková lyžica sezamových semienok

1 veľká cibuľa, nakrájaná nadrobno

2 kocky kuracieho vývaru, rozdrvené

Podľa chuti dosolíme

300g/10oz dusená ryža

Metóda

- Na panvici zohrejte ghee. Pridajte sezamové semienka. Nechajte ich striekať 15 sekúnd.
- Pridajte cibuľu a smažte na strednom ohni, kým nebude priehľadná.
- Prisypeme kocky vývaru a soľ a chvíľu premiešame.
- Pridajte ryžu. Dobre hádzať. Podávajte horúce.

Khichuri

(šošovica a ryžový vývar so zeleninou)

Podáva 4-6

Ingrediencie

2 polievkové lyžice rafinovaného rastlinného oleja

½ lyžičky rascových semienok

2,5 cm/1 v škorici

4 zelené struky kardamónu

6 klinčekov

2,5 cm/1 palec nasekaný zázvor

250g/9oz dlhozrnná ryža

300 g/10 oz mung dhal*, varené

2 veľké cibule, nakrájané

2 veľké zemiaky, nakrájané

50 g/1¾ oz ružičky karfiolu

30g/1oz mrkva, nasekaná

30 g francúzskej fazule, nasekané

½ lyžičky kurkuma

2 zelené čili papričky

1½ lyžičky cukru

Podľa chuti dosolíme

1,25 litra / 2,5 litra vody

Metóda

- Na panvici rozohrejeme olej. Pridajte kmín, škoricu, kardamón, klinčeky a zázvor. Zmes smažte na strednom ohni, kým sa zázvor nesfarbí do svetlohneda.
- Pridajte všetky ostatné ingrediencie okrem vody. Zmes pečieme 5 minút. Pridajte vodu. Dusíme 15-20 minút. Podávajte horúce.

Žltá ryža

Ponuky 4

Ingrediencie

3 polievkové lyžice rafinovaného rastlinného oleja

½ lyžičky rasce

2 bobkové listy

2 klinčeky

4 zrnká čierneho korenia

1 lyžička kurkumy

2 veľké cibule, nakrájané

250 g ryže basmati

Podľa chuti dosolíme

600 ml/1 litra horúcej vody

Metóda

- Na panvici rozohrejeme olej. Pridajte rascu, bobkové listy, klinčeky, zrnká korenia a kurkumu. Nechajte ich striekať 15 sekúnd. Pridajte cibuľu. Smažte ich na strednom ohni, kým nezhnednú.
- Pridajte ryžu, soľ a vodu. Dusíme 15 minút. Podávajte horúce.

Chingri Mache Bhaat

(dusené krevety a ryža)

Ponuky 4

Ingrediencie

250g/9oz krevety, očistené a zbavené

Podľa chuti dosolíme

1 lyžička kurkumy

1 lyžička pripravenej horčice

1½ lyžice horčičného oleja

300g/10oz dusená ryža

1 lyžica nasekaných listov koriandra

Metóda

- Marinujte krevety so soľou a kurkumou po dobu 30 minút.
- Zmiešajte marinované krevety, pripravenú horčicu a horčicový olej v dvojitom kotli. Varte v pare 17 minút.
- Ryžu zmiešame s krevetami. Ozdobte koriandrom. Podávajte horúce.

Ryža s mrkvou a zeleným korením

Ponuky 4

Ingrediencie

4 polievkové lyžice čisteného rastlinného oleja

¼ lyžičky horčičných semienok

¼ lyžičky rascového semena

Štipka kurkumy

8 kari listov

1 zelená paprika, nasekaná

1 veľká mrkva, nastrúhaná

1 lyžička garam masala

Podľa chuti dosolíme

300g/10oz dusená ryža

1 polievková lyžica citrónovej šťavy

1 lyžica koriandrových listov, nasekaných

Metóda

- V hlbokom hrnci rozohrejeme olej. Pridajte horčičné semienka, rascu, kurkumu a kari listy. Nechajte ich striekať 15 sekúnd.
- Pridajte zelenú papriku a mrkvu. Zeleninu za stáleho miešania opekajte minútu. Prikryjeme pokrievkou a za občasného miešania dusíme 5 minút.
- Otvorte a pridajte garam masalu a soľ. Dobre premiešajte. Pridajte ryžu. Zmes smažte 4-5 minút.
- Pridajte citrónovú šťavu a lístky koriandra. Dobre premiešame a varíme 2-3 minúty. Podávajte horúce.

Thakkali Saadham

(paradajková ryža)

Ponuky 4

Ingrediencie

3 polievkové lyžice rafinovaného rastlinného oleja

½ lyžičky horčičných semienok

½ lyžičky rascových semienok

8 kari listov

½ lyžičky kurkuma

Troška asafoetidy

¾ lyžičky čili prášku

2 veľké cibule, nakrájané

2 paradajky nakrájané nadrobno

300g/10oz dusená ryža

Podľa chuti dosolíme

1 lyžica listov koriandra na ozdobu

Metóda

- Na panvici rozohrejeme olej. Pridajte horčicu, rascu, kari listy, kurkumu, asafoetidu, čili prášok, cibuľu a paradajky.
- Za stáleho miešania smažíme 5 minút. Pridajte ryžu a soľ. Ozdobte a podávajte horúce.

Palak Pulao

(Špenátový dip)

Ponuky 4

Ingrediencie

4 ½ lyžice rafinovaného rastlinného oleja

1 veľká cibuľa, nakrájaná

2 paradajky nakrájané nadrobno

¾ lyžičky zázvorovej pasty

¾ lyžičky cesnakovej pasty

350g/12oz dlhozrnná ryža

750 ml/1¼ pinty horúcej vody

200 g špenátu duseného a pyré

10 kešu orieškov

1 čajová lyžička citrónovej šťavy

½ lyžičky garam masala

Podľa chuti dosolíme

Metóda

- Na panvici rozohrejeme olej. Pridajte cibuľu a na strednom ohni ju opečte, kým nezhnedne.
- Pridajte paradajky, zázvorovú pastu a cesnakovú pastu. Dusíme 2 minúty.
- Primiešame ryžu a vodu a varíme 12-15 minút.
- Pridáme špenát, kešu oriešky, citrónovú šťavu, garam masalu a soľ. Túto zmes jemne premiešajte. Dusíme 2-3 minúty. Podávajte horúce.

Citrónová tráva a zelené čili Pulao

Ponuky 4

Ingrediencie

150 g citrónovej trávy nakrájanej na kocky

4 zelené čili papričky, rozkrojené pozdĺžne

2,5 cm/1 palec koreň zázvoru, julienned

750 ml / 1¼ pinty zeleninového vývaru

3 polievkové lyžice rafinovaného rastlinného oleja

1 lyžička semien rasce

500 g/1 lb 2 oz dlhozrnná ryža

Podľa chuti dosolíme

150 g/5½ oz mung dhal*, varené

25 g/ skromné 1 oz listy koriandra, nasekané

Metóda

- Zmiešajte citrónovú trávu, zelené čili, zázvor a zeleninový vývar.
- Na panvici rozohrejeme olej. Pridajte kmínové semienka. Nechajte ich striekať 15 sekúnd. Pridáme ryžu, soľ a vývar. Zmes dobre premiešame. Prikryjeme pokrievkou a dusíme 12-15 minút.
- Ozdobte pulao mung dhal a lístkami koriandra. Podávajte horúce.

Ryža s paradajkami a jarnou cibuľkou

Ponuky 4

Ingrediencie

3 lyžice ghee

4 klinčeky

2,5 cm/1 v škorici

½ lyžičky rascových semienok

200 g nasekanej jarnej cibuľky

1 lyžička mletého čierneho korenia

Podľa chuti dosolíme

200 g paradajkového pretlaku

300g/10oz dusená ryža

1 čajová lyžička citrónovej šťavy

Metóda

- Na panvici zohrejte ghee. Pridajte klinčeky, škoricu a rasce. Nechajte ich striekať 15 sekúnd.
- Pridajte jarnú cibuľku. Smažte ich 4-5 minút na strednom ohni.
- Vmiešame korenie, soľ a paradajkový pretlak. Dusíme 2-3 minúty.
- Pridajte ryžu. Zmes dobre premiešame.

Sofiyani Pulao

(Kuracie stehná Pulao)

Ponuky 4

Ingrediencie

16 kuracích stehien

3 lyžice mandlí, mletých

3 lyžice khoya*

600g/1lb 5oz dlhozrnná ryža

5 strukov zeleného kardamónu

5 klinčekov

5 cm/2 palce škorice

4 zrnká čierneho korenia

Podľa chuti dosolíme

30 g / 1 oz ghee

250 ml/8 fl oz mlieka

Na marinádu:

1 ČL zázvorovej pasty

1 lyžička cesnakovej pasty

2 zelené čili papričky, rozrezané pozdĺžne

3 čajové lyžičky citrónovej šťavy

600g/1lb 5oz jogurt, šľahaný

Metóda

- Všetky ingrediencie na marinádu spolu zmiešame a kuracie stehná v tejto zmesi marinujeme 30 minút. Smažte ich v hrnci na strednom ohni 20 minút. Pridajte mandle a khoyu. Odložte bokom.
- Ryžu uvaríme s kardamónom, klinčekmi, škoricou, korením a soľou. Zmes odstavte.
- Nalejte ghee do panvice s hrubým dnom. Striedavo poukladajte ryžu a kuracie mäso. Zmes zalejeme mliekom, panvicu uzavrieme alobalom a prikryjeme pokrievkou. Dusíme 20 minút. Podávajte horúce.

Indická vyprážaná ryža

Ponuky 4

Ingrediencie

2 polievkové lyžice rafinovaného rastlinného oleja

1 lyžička semien rasce

1 veľká cibuľa, nakrájaná nadrobno

1 paradajka nakrájaná nadrobno

Podľa chuti dosolíme

300g/10oz dusená ryža

Metóda

- Na panvici rozohrejeme olej. Pridajte kmínové semienka. Nechajte ich striekať 15 sekúnd. Pridajte cibuľu a paradajku. Smažte na miernom ohni 2-3 minúty.
- Pridajte soľ a ryžu. Ryžu dobre opečte 2-3 minúty. Podávajte horúce.

Peshawar Biryani

(severoindické Biryani)

Ponuky 4

Ingrediencie

6 lyžíc ghee

3 veľké cibule, nakrájané

1 ČL zázvorovej pasty

1 lyžička cesnakovej pasty

750g/1lb 10oz jahňacie mäso bez kosti

400g/14oz jogurt

750g/1lb 10oz ryža basmati

Podľa chuti dosolíme

1,4 litra / 2¼ pinty vody

12-15 kešu oriaškov

12-15 hrozienok

12-15 sliviek

2 plátky konzervovaného ananásu, nasekané

2 lyžičky garam masala

Metóda

- Na panvici zohrejte ghee. Pridajte cibuľu, zázvorovú pastu a cesnakovú pastu. Túto zmes smažte na strednom ohni 3-4 minúty.
- Pridajte jahňacie mäso. Pečieme 25 minút. Pridajte zvyšok ingrediencií.
- Prikryjeme pokrievkou a biryani dusíme 20-25 minút. Podávajte horúce.

Kôpor Pulao

Ponuky 4

Ingrediencie

2 polievkové lyžice rafinovaného rastlinného oleja

2 veľké cibule, nakrájané

1 cm/½ v koreni zázvoru, nasekaný

1 strúčik cesnaku, nasekaný

125 g/4½ oz jogurt

½ lyžičky kurkuma

Podľa chuti dosolíme

350g/12oz dlhozrnná ryža

750 ml/1¼ pinty horúcej vody

Šťava z 1 citróna

60 g/2 oz kôprových listov, nasekaných nadrobno

Metóda

- Na panvici rozohrejeme olej. Pridajte cibuľu a smažte ju na strednom ohni, kým nebudú priehľadné.
- Pridajte zázvor, cesnak, jogurt, kurkumu, soľ a ryžu. Zmes pečieme 5 minút.
- Pridajte horúcu vodu. Varte 12-15 minút za častého miešania.
- Ozdobte pulao citrónovou šťavou a kôprom. Podávajte horúce.

Baranie Pulao

Ponuky 6

Ingrediencie

4 polievkové lyžice čisteného rastlinného oleja

3 veľké cibule, nakrájané

675 g / 1 ½ lb mletého jahňacieho mäsa

2 paradajky, blanšírované a nakrájané

1,25 litra/2½ litra horúcej vody

500g/1lb 2oz ryža basmati

1 polievková lyžica kešu orieškov

1 polievková lyžica hrozienok

Pre zmes korenia:

4 klinčeky

4 zelené struky kardamónu

2,5 cm/1 v škorici

1 ČL zázvorovej pasty

1 lyžička cesnakovej pasty

2 zelené čili papričky, nasekané

2 ČL mletého koriandra

½ lyžičky čili prášku

1 lyžička kurkumy

Podľa chuti dosolíme

Metóda

- Na panvici rozohrejeme 3 lyžice oleja. Pridajte cibuľu a smažte ju na strednom ohni, kým nezhnedne. Pridajte zmes korenia a pečte 10-12 minút.
- Pridajte jahňacie mäso a paradajky. Varte, kým zmes nie je suchá. Pridajte 250 ml/8 fl oz horúcej vody a varte, kým jahňacie nezmäkne. Pridajte ryžu a zvyšok vody. Dusíme 20 minút. Odložte bokom.
- V hrnci rozohrejeme 1 lyžicu oleja a opražíme kešu oriešky a hrozienka do hneda.
- Na ryžu posypeme kešu oriešky a hrozienka. Podávajte horúce.

Ghee Chawal

(ryža s ghee)

Ponuky 4

Ingrediencie

75 g / 2½ oz ghí

½ ČL mletého čierneho korenia

Podľa chuti dosolíme

300g/10oz dusená ryža

10 g/¼ oz lístkov mäty, nasekaných nadrobno

Metóda

- Na panvici zohrejte ghee. Smažte korenie a soľ na 10 sekúnd.
- To nalejte na dusenú ryžu. Ozdobíme lístkami mäty. Podávajte horúce.

Pred Pongalom

(ryža s praženým zeleným gramom)

Ponuky 4

Ingrediencie

225 g/8 oz mung dhal*, pražené nasucho

500 g/1 lb 2 oz dlhozrnná ryža

½ lyžičky kurkuma

Podľa chuti dosolíme

5-6 lyžíc ghee

25 kešu orieškov

1½ lyžičky rascových semienok, mletých

½ ČL čierneho korenia

15 kari listov

2,5 cm/1 palec nasekaný zázvor

Metóda

- Dhal, ryžu, kurkumu a soľ spolu povarte 30 minút. Odložte bokom.
- Na panvici zohrejte ghee. Pridajte kešu a smažte do zlatista.
- Pridajte rascu, papriku, kari listy a zázvor. Smažte 20 sekúnd.
- Pridajte túto zmes do zmesi dhal-ryže. Jemne premiešame. Podávajte horúce.

Paneer Pulao

Ponuky 4

Ingrediencie

4 polievkové lyžice čisteného rastlinného oleja

2 veľké cibule, nakrájané na plátky

1 ČL zázvorovej pasty

1 lyžička cesnakovej pasty

2 zelené čili papričky, nasekané

400g/14oz panel*, na kocky

400g/14oz paradajkový pretlak

375g/13oz ryža basmati

Podľa chuti dosolíme

600 ml/1 litra horúcej vody

1 lyžica nasekaných listov koriandra

Metóda

- Na panvici rozohrejeme olej. Cibuľu, zázvorovú pastu, cesnakovú pastu a zelené čili smažte na strednom ohni 2 minúty za stáleho miešania.
- Pridajte paneer a paradajkový pretlak. Zmes povarte 2-3 minúty.
- Pridajte ryžu, soľ a vodu. Varte na miernom ohni, kým sa ryža neuvarí.
- Ozdobte pulao lístkami koriandra. Podávajte horúce.

Kokosová ryža

Ponuky 4

Ingrediencie

3 lyžice ghee

1 veľká cibuľa, nakrájaná

6 nasekaných strúčikov cesnaku

2 zelené struky kardamónu

2,5 cm/1 v škorici

2 klinčeky

4 zrnká čierneho korenia

300g/10oz ryža basmati, namočená na 30 minút a scedená

1,2 litra / 2 pinty kokosového mlieka

Podľa chuti dosolíme

Metóda

- Na panvici zohrejte ghee. Pridajte cibuľu, cesnak, kardamón, škoricu, klinčeky a papriku. Smažte ich na strednom ohni 3-4 minúty.
- Pridáme scedenú ryžu. Smažte na strednom ohni za stáleho miešania 2-3 minúty.

- Pridáme kokosové mlieko a soľ. Dobre premiešajte a varte 7-8 minút.
- Prikryjeme pokrievkou a varíme ďalších 15 minút.
- Podávajte horúce.

Saffron Pulao

Ponuky 4

Ingrediencie

4 lyžice ghee

1 lyžička semien rasce

2 bobkové listy

375g/13oz ryža basmati, namočená na 30 minút a scedená

Podľa chuti dosolíme

750 ml/1¼ pinty horúcej vody

1 lyžička šafranu

1 lyžica koriandrových listov, nasekaných

Metóda

- Na panvici zohrejte ghee. Pridajte kmín a bobkové listy. Nechajte ich striekať 15 sekúnd.
- Pridajte ryžu a soľ. Smažte zmes na strednom ohni 3-4 minúty.
- Pridajte horúcu vodu a šafran. Za občasného miešania dusíme 8-10 minút alebo kým nie je ryža uvarená.
- Ozdobte lístkami koriandra. Podávajte horúce.

Dhal ryžová zmes

Ponuky 4

Ingrediencie

2 lyžice masoor dhal*

2 lyžice urad dhal*

2 lyžice mung dhal*

2 lyžice chana dhal*

500 ml / 16 fl oz vody

4 lyžice ghee

1 veľká cibuľa, nakrájaná nadrobno

1 lyžička garam masala

250g/9oz ryža basmati, predvarená

1 lyžička kurkumy

1 bobkový list

Podľa chuti dosolíme

250 ml/8 fl oz mlieka

Metóda

- Zmiešajte všetok dhal. Varte ich s vodou v hrnci na strednom ohni 30 minút. Odložte bokom.
- Na panvici zohrejte ghee. Pridajte cibuľu a garam masalu. Smažte na strednom ohni, kým cibuľa nie je priehľadná.
- Pridáme ryžu, kurkumu, bobkový list a soľ. Dobre premiešajte. Pridajte mlieko a zmes dhal. Prikryjeme pokrievkou a dusíme 7-8 minút. Podávajte horúce.

Kairi Bhatt

(ryža so zeleným mangom)

Ponuky 4

Ingrediencie

4 polievkové lyžice čisteného rastlinného oleja

½ lyžičky horčičných semienok

Troška asafoetidy

½ lyžičky kurkuma

8 kari listov

180 g pražených arašidov

1 lyžička mletého koriandra

2 zrelé mango, olúpané a nastrúhané

Podľa chuti dosolíme

300g/10oz dusená ryža

Metóda

- Na panvici rozohrejeme olej. Pridajte horčičné semienka, asafoetidu, kurkumu a kari listy. Nechajte ich striekať 15 sekúnd.
- Pridáme arašidy, mletý koriander, mango a soľ. Smažte ich na strednom ohni 5 minút.
- Pridajte uvarenú ryžu a jemne premiešajte bhaa. Podávajte horúce.

Krevety Khichdi

Ponuky 4

Ingrediencie

5 polievkových lyžíc čisteného rastlinného oleja

3 malé cibule, nakrájané

250g/9oz krevety, očistené a zbavené

1 ČL zázvorovej pasty

1 lyžička cesnakovej pasty

2 ČL mletého koriandra

1 lyžička mletého kmínu

½ lyžičky kurkuma

375g/13oz dlhozrnná ryža

Podľa chuti dosolíme

360 ml/12 fl oz horúcej vody

360 ml/12 fl oz kokosového mlieka

Metóda

- Na panvici rozohrejeme olej. Smažte cibuľu, kým nebude priehľadná.

- Pridajte krevety, zázvorovú pastu, cesnakovú pastu, mletý koriander, mletú rascu a kurkumu. Smažte na strednom ohni 3-4 minúty.
- Pridajte zvyšok ingrediencií. Dusíme 10 minút. Podávajte horúce.

Tvarohová ryža

Ponuky 4

Ingrediencie

300g/10oz dusená ryža

400g/14oz jogurt

8-10 kari listov

3 zelené čili papričky, rozrezané pozdĺžne

Troška asafoetidy

1 lyžica koriandrových listov, nasekaných

Podľa chuti dosolíme

2 polievkové lyžice rafinovaného rastlinného oleja

½ lyžičky horčičných semienok

¼ lyžičky rascového semena

½ lyžičky urad dhal*

Metóda

- Ryžu roztlačte drevenou lyžicou. Zmiešajte jogurt, kari listy, zelené čili, asafoetida, koriandrový list a soľ. Odložte bokom.
- Na panvici rozohrejeme olej. Pridajte horčičné semienka, rascu a urad dhal. Nechajte ich striekať 15 sekúnd.
- Túto zmes nalejte priamo na ryžovú zmes. Dôkladne premiešame.
- Podávame vychladené s horúcim mangovým nálevom

Hotpot s kuracím mäsom a ryžou

Ponuky 4

Ingrediencie

3 polievkové lyžice rafinovaného rastlinného oleja

4 klinčeky

5 cm/2 palce škorice

2 zelené struky kardamónu

2 bobkové listy

3 veľké cibule, nakrájané

12 kuracích stehien

½ ČL zázvorovej pasty

½ lyžičky cesnakovej pasty

3 kocky kuracieho vývaru rozpustené v 1,7 l horúcej vody

½ ČL čerstvo mletého čierneho korenia

Podľa chuti dosolíme

500g/1lb 2oz ryža basmati

250 g mrkvy, nakrájanej na tenké plátky

Metóda

- Na panvici rozohrejeme olej. Pridajte klinčeky, škoricu, kardamón a bobkové listy. Nechajte ich striekať 15 sekúnd.

- Pridajte cibuľu. Varte 2 minúty. Pridajte všetky ostatné ingrediencie okrem ryže a mrkvy. Dobre premiešajte. Varte 4-5 minút.

- Pridajte ryžu a mrkvu a dobre premiešajte. Prikryjeme pokrievkou a varíme 35-40 minút. Podávajte horúce.

Kukurica Pulao

Ponuky 4

Ingrediencie

5 polievkových lyžíc čisteného rastlinného oleja

2 malé cibule, nakrájané

300 g/10 oz kukuričných zŕn, varené

2 ČL mletého koriandra

1 lyžička mletého kmínu

¼ lyžičky kurkumy

125 g paradajkového pretlaku

Podľa chuti dosolíme

375g/13oz ryža basmati

500 ml/16 fl oz horúcej vody

1 čajová lyžička citrónovej šťavy

1 lyžica nasekaných listov koriandra

Metóda

- Na panvici rozohrejeme olej. Smažte cibuľu na strednom ohni, kým nebude priehľadná. Pridajte ostatné ingrediencie okrem ryže, vody, citrónovej šťavy a koriandra. Pečieme 3-4 minúty. Pridajte ryžu, vodu a citrónovú šťavu.
- Dusíme 10 minút. Navrch posypte lístky koriandra a podávajte horúce.

Dhansak ryža

(Pikantná parsi ryža)

Ponuky 4

Ingrediencie

60 ml/2 fl oz čisteného rastlinného oleja

2 bobkové listy

2 zelené struky kardamónu

4 zrnká čierneho korenia

2,5 cm/1 v škorici

1 lyžička cukru

1 veľká cibuľa, nakrájaná

375g/13oz dlhozrnná ryža, namočená na 10 minút a scedená

Podľa chuti dosolíme

750 ml/1¼ pinty horúcej vody

Metóda

- Na panvici rozohrejeme olej. Pridajte bobkové listy, kardamón, korenie, škoricu a cukor. Zohrievame na strednom ohni, kým cukor neskaramelizuje.

- Pridajte cibuľu a varte na strednom ohni, kým nezhnedne. Pridajte ryžu a miešajte, kým ryža nezhnedne.
- Pridajte soľ a horúcu vodu. Prikryjeme pokrievkou a varíme 10 minút na miernom ohni.
- Podávajte horúce s Dhansakom

hnedá ryža

Ponuky 4

Ingrediencie

3 polievkové lyžice rafinovaného rastlinného oleja

½ ČL zázvorovej pasty

½ lyžičky cesnakovej pasty

2 veľké cibule, nakrájané na štvrtiny

375g/13oz dlhozrnná ryža, namočená na 30 minút a scedená

1 lyžička garam masala

600 ml/1 litra horúcej vody

Podľa chuti dosolíme

Metóda

- Na panvici rozohrejeme olej. Pridajte zázvorovú pastu a cesnakovú pastu. Smažte niekoľko sekúnd.
- Pridajte kúsky cibule a minútu ich opečte na miernom ohni.
- Pridáme scedenú ryžu a garam masalu. Varte 2-3 minúty, dobre premiešajte.
- Pridajte horúcu vodu a soľ. Zmes dusíme, kým sa ryža neuvarí.
- Podávajte horúce.

Baranie Biryani

Podáva 4-6

Ingrediencie

1 kg / 2 ¼ lb jahňacie mäso, nakrájané na 5 cm / 2 palce

360 ml/12 fl oz čisteného rastlinného oleja

2 veľké zemiaky nakrájané na štvrtiny

4 klinčeky

5 cm/2 palce škorice

3 bobkové listy

6 paprík

2 čierne kardamómy

Podľa chuti dosolíme

3 lyžice ghee

750g/1lb 10oz ryža basmati, predvarená

Veľká štipka šafranu rozpustená v 1 polievkovej lyžici mlieka

Na marinádu:

100 g listov koriandra rozomletých na pastu

50 g/1¾oz lístkov mäty rozomletých na pastu

200g/7oz práškový jogurt

1½ ČL zázvorovej pasty

1½ lyžičky cesnakovej pasty

3 zelené čili papričky nakrájané nadrobno

1½ lyžičky garam masala

1 lyžička mletého kmínu

1 lyžička mletého koriandra

4 veľké cibule, nakrájané a opražené

Metóda

- Všetky ingrediencie na marinádu spolu zmiešame a s touto zmesou marinujeme jahňacinu cez noc v chladničke.
- V hrnci zohrejte 250 ml/8 fl oz oleja. Pridajte zemiaky a smažte ich na strednom ohni 10 minút. Scedíme a odložíme.
- Vo veľkom hrnci zohrejte zvyšok oleja. Pridajte klinčeky, škoricu, bobkový list, korenie a kardamón. Nechajte ich striekať 30 sekúnd.
- Pridajte marinované jahňacie mäso a soľ. Za občasného miešania varte 45 minút. Pridajte vyprážané zemiaky. Zľahka premiešame. Odstráňte z tepla.
- Nalejte ghee do hrnca. Do hrnca dáme mäsovo-zemiakovú zmes. Predvarenú ryžu poukladáme do vrstvy na mäsovo-zemiakovú zmes.
- Zalejeme šafranovým mliekom. Utesnite fóliou a prikryte pevným vekom. Varte na miernom ohni 20 minút.
- Podávajte horúce.

Faada-ni-Khichdi

(konzervovaná pšeničná kaša)

Ponuky 4

Ingrediencie

125g/4½oz drvenej pšenice

150 g/5½ oz mung dhal*

150 g/5½ oz masoor dhal*

2 litre/3 ½ litra vody

2 paradajky, pyré

100 g mrazenej zeleniny

½ lyžičky kurkuma

½ lyžičky čili prášku

½ ČL mletého koriandra

½ ČL mletého kmínu

2 zelené čili papričky, nasekané

Podľa chuti dosolíme

4 lyžice ghee

2 klinčeky

2,5 cm/1 v škorici

6 zrniek čierneho korenia

2 bobkové listy

8 kari listov

3 lyžice nasekaných listov koriandra

1 lyžička nasucho opražených a mletých semien rasce

Metóda

- Zmiešajte rozdrvenú pšenicu, dhals a vodu v hrnci a priveďte do varu na vysokej teplote. Zmes varíme na miernom ohni 30 minút.
- Pridáme paradajkový pretlak, zmiešanú zeleninu, kurkumu, čili prášok, mletý koriander, rascu, čili a soľ. Dobre premiešame a varíme 5 minút.
- Na malej panvici zohrejte ghee. Pridajte klinčeky, škoricu, zrnká korenia, bobkový list a kari listy. Nechajte ich striekať 15 sekúnd.
- Toto korenie nalejte do uvarenej pšeničnej zmesi a nechajte 3-5 minút prevrieť.
- Khichdi ozdobíme lístkami koriandra a mletým rascom. Podávajte horúce.

Urad Dhal Roti

(Platený čierny gramový chlieb)

Robí 15

Ingrediencie

600 g/1 lb 5 oz urad dhal*, namočené cez noc

2 lyžice ghee

1 lyžička kurkumy

1 ČL zázvorového prášku

1 lyžička mletého koriandra

¼ lyžičky čili prášku

350g/12oz hladkej bielej múky

1 lyžička drvenej anardany*

2 lyžice koriandrových listov, nasekaných

3 zelené čili papričky nakrájané nadrobno

1 malá cibuľa, nastrúhaná

Podľa chuti dosolíme

120 ml/4 fl oz vody

Metóda

- Dhal sceďte a rozdrvte na hustú pastu.
- Na panvici zohrejte ghee. Pridajte dhal pastu a kurkumu, zázvorový prášok, koriander a čili prášok. Smažte na strednom ohni 4-5 minút. Chladíme 5 minút a rozdelíme na 15 častí. Odložte bokom.
- Všetky zvyšné suroviny vymiesime na pevné cesto. Rozdeľte na 15 guličiek a vyvaľkajte na kolieska s priemerom 10 cm.
- Na každý kotúč položte trochu zmesi dhal, uzavrite a znova rozvaľkajte na kotúče s priemerom 15 cm.
- Plochú panvicu vymastíme a zohrejeme. Smažte, kým spodná strana nie je hnedá. Otočte a opakujte. Opečte každú stranu dvakrát.
- Opakujte pre zvyšok potkanov.
- Podávajte horúce.

Murgh-Methi-Malai Paratha

(Na panvici vyprážané kuracie mäso a senovka grécka)

Robí 14

Ingrediencie

4 polievkové lyžice čisteného rastlinného oleja

½ lyžičky rascových semienok

6 nasekaných strúčikov cesnaku

1 veľká cibuľa, nakrájaná

4 zelené čili papričky nakrájané nadrobno

1 cm/½ v koreni zázvoru, nasekaný

½ lyžičky čili prášku

½ lyžičky garam masala

200 g/7 oz kuracie mäso, mleté

60 g čerstvých listov senovky gréckej, nasekaných

1 čajová lyžička citrónovej šťavy

1 lyžica koriandrových listov, nasekaných

750 g/1 lb 10 oz celozrnná múka

Podľa chuti dosolíme

360 ml / 12 fl oz vody

Ghee na mazanie

Metóda

- Na panvici zohrejte polovicu oleja. Pridajte kmín, cesnak, cibuľu, zelené čili, zázvor, čili prášok a garam masalu. Nechajte ich striekať 30 sekúnd.
- Pridajte kuracie mäso, senovku grécku, citrónovú šťavu a lístky koriandra. Dobre premiešajte. Varte na miernom ohni 30 minút, občas premiešajte. Odložte bokom.
- Múku, soľ a zvyšok oleja vymiešame s vodou na tuhé cesto. Rozdeľte na 14 guličiek a vyvaľkajte ich na kolieska s priemerom 10 cm.
- Na každý tanier položte lyžicu kuracej zmesi, uzavrite a opatrne rozvaľkajte na kotúče s priemerom 12,5 cm/5 palcov.
- Zohrejte plochú panvicu a varte paratha na miernom ohni, kým spodná strana nie je svetlohnedá. Navrch natrieme ghee, otočíme a opakujeme. Opečte každú stranu dvakrát.
- Opakujte so zvyšnými paratami. Podávajte horúce.

Meethi Puri

(Sladký nafúknutý chlieb)

Robí 20

Ingrediencie

250 g cukru

60 ml/2 fl oz teplej vody

350g/12oz hladkej bielej múky

2 lyžice ghee

1 polievková lyžica gréckeho jogurtu

Podľa chuti dosolíme

Purifikovaný rastlinný olej na vyprážanie

Metóda

- Varte cukor a vodu v hrnci na strednom ohni, kým nie je 1 reťazec. Odložte bokom.
- Všetky ostatné suroviny okrem oleja spolu zmiešame. Smažte v hrnci na strednom ohni 3-4 minúty. Vymiesime na tuhé cesto.
- Rozdeľte na 20 guličiek. Vyvaľkáme na kolieska s priemerom 7,5 cm.

- Zahrejte olej. Smažte lis na strednom ohni do zlatista.
- Vyprážané puri scedíme a zmiešame s cukrovým sirupom. Podávajte horúce.

Kulcha

(Vyprážaný chlieb)

Robí 8

Ingrediencie

1 čajová lyžička suchého droždia rozpustená v 120 ml teplej vody

½ lyžičky soli

90 ml / 3 fl oz vody

350g/12oz hladkej bielej múky

1 lyžička sódy bikarbóny

60 ml/2 fl oz teplého mlieka

4 polievkové lyžice kyslej smotany

1 polievková lyžica čisteného rastlinného oleja

Ghee na mazanie

Metóda

- Zmiešajte droždie so soľou. Odložte na 10 minút.
- Všetky ostatné suroviny okrem ghee vymiesime na pevné cesto. Prikryte vlhkou handričkou. Odložte na 5 hodín.
- Rozdelíme na 8 guličiek a vyvaľkáme do tvaru slzy.

- Plochú panvicu vymastíme a zohrejeme. Každú kulchu minútu varte na miernom ohni. Otočte a opakujte. Podávajte horúce.

Cesnak a syr Naan

(Cesnakový a syrový chlieb naan)

Robí 8

Ingrediencie

15 strúčikov cesnaku, nasekaných

85g/3oz syr Cheddar, strúhaný

350g/12oz hladkej bielej múky

¼ lyžičky prášku do pečiva

1 polievková lyžica suchého droždia rozpustená v 120 ml teplej vody

2 lyžice bieleho jogurtu

2 polievkové lyžice cukru

Podľa chuti dosolíme

120 ml/4 fl oz vody

Prečistený rastlinný olej na mazanie

Metóda

- Všetky suroviny spolu zmiešame na cesto.
- Plochú panvicu vymastíme a zohrejeme. Rozotrite veľkú lyžicu cesta ako hustú palacinku.
- Pečieme, kým spodná strana nie je hnedá. Otočte a opakujte.
- Opakujte pre zvyšok cesta. Podávajte horúce.

Tri múky Roti

Robí 14

Ingrediencie

175 g/6 oz celozrnná múka

175 g sójovej múky

175 g prosovej múky

1 lyžička mletého koriandra

½ ČL mletého kmínu

½ lyžičky čili prášku

½ lyžičky kurkuma

2 polievkové lyžice rafinovaného rastlinného oleja

Podľa chuti dosolíme

250 ml / 8 fl oz vody

Metóda

- Všetky suroviny vymiesime na pružné cesto.
- Rozdelíme na 14 guličiek a vyvaľkáme na kolieska s priemerom 15 cm.
- Zohrejte plochú panvicu a opečte každú rotáciu na oboch stranách, pričom ju otočte každých 30 sekúnd, kým nie je každá strana zlatohnedá.
- Podávajte horúce.

Sheera Chapatti

(Sladký krupicový chlieb)

Robí 10

Ingrediencie

350g/12oz hladkej bielej múky

250 ml / 8 fl oz vody

3 lyžice ghee

150 g/5½ oz krupice

250g/9oz jaggery*, strúhaný

1 polievková lyžica mletého zeleného kardamónu

Metóda

- Múku zmiešame s polovicou vody, aby vzniklo tuhé cesto. Rozdeľte na 10 guličiek. Odložte bokom.
- Na panvici zohrejte pol polievkovej lyžice ghee. Krupicu smažte na strednom ohni do zlatista. Pridajte zvyšok vody a miešajte, kým sa neodparí.
- Pridajte jaggery a kardamóm. Dobre premiešame a varíme 3-4 minúty.
- Zmes sa ochladí na 10 minút, potom sa rozdelí na 10 častí.

- Vyrovnajte každú guľôčku cesta a do stredu každej vložte časť krupice. Zatvorte a rozvaľkajte na kotúče s priemerom 12,5 cm.
- Plochú panvicu vymastíme a zohrejeme. Čapatí varte na miernom ohni, kým spodná strana nie je zlatohnedá.
- Navrch natrieme ghee, otočíme a opakujeme. Opečte každú stranu dvakrát.
- Opakujte so zvyšnými chapattis. Podávajte horúce.

Bhakri

(Normálny plochý chlieb)

Robí 8

Ingrediencie

350 g prosovej múky

Podľa chuti dosolíme

120 ml/4 fl oz teplej vody

1 lyžica semienok ajowan

Metóda

- Všetky suroviny vymiesime na jemné cesto. Rozdelíme na 8 guličiek a rozvaľkáme na kolieska s priemerom 15 cm.
- Rozohrejte plochú panvicu, položte na panvicu bhakri a nalejte na ňu lyžičku vody. Obráťte a smažte, kým spodná strana nie je hnedá. Opečte každú stranu dvakrát.
- Opakujte pre zostávajúce bhakri. Podávajte horúce.

Chapatti

(Vyprážaný chlieb vyprážaný na panvici)

Robí 10

Ingredriencie

350g/12oz celozrnná múka

½ lyžičky soli

2 polievkové lyžice rafinovaného rastlinného oleja

120 ml/4 fl oz vody

Metóda

- Všetky suroviny vymiesime na jemné, vláčne cesto.
- Rozdeľte na 10 guličiek. Pomúčeným valčekom rozvaľkáme na tenké pláty podobné tortille.
- Plochú panvicu vymastíme a zohrejeme. Chapatti rozložíme na panvicu a varíme na miernom ohni, kým spodná strana nie je svetlohnedá. Otočte a opakujte.
- Opakujte so zvyšnými chapattis.
- Podávajte horúce.

Ryža & Kokos Roti

(ryža a kokosový chlieb)

Robí 8

Ingrediencie

175 g ryžovej múky

25 g/ skromné 1 oz listy koriandra, nasekané

60g/2oz čerstvého strúhaného kokosu

1 čajová lyžička rafinovaného rastlinného oleja

1 lyžička semien rasce

Podľa chuti dosolíme

90 ml/3 fl oz teplej vody

Metóda

- Všetky suroviny spolu vymiešame na pružné cesto. Rozdeľte na 8 guličiek. Rozvaľkajte na kolieska s priemerom 15 cm.
- Rozohrejte plochú panvicu a varte panvicu na miernom ohni, kým dno nie je hnedé.
- Potrieme olejom, otočíme a opakujeme. Opečte každú stranu dvakrát.
- Opakujte pre zostávajúce potkany. Podávajte horúce.

Vajcia Paratha

(Chlieb vyprážaný na panvici s vajcom)

Robí 10

Ingrediencie

350g/12oz celozrnná múka

120 ml/4 fl oz vody

4 vajcia, rozšľahané

1 malá cibuľa, nakrájaná

4 zelené čili papričky nakrájané nadrobno

10 g/¼ oz listov koriandra, nasekaných

1 paradajka nakrájaná nadrobno

¾ lyžičky soli

150 ml/5 oz čisteného rastlinného oleja

Metóda

- Múku vymiesime s vodou na pevné cesto. Rozdeľte na 10 guličiek. Vyvaľkajte 10 kotúčov s priemerom 15 cm.
- Ostatné ingrediencie spolu zmiešame, okrem oleja. Odložte bokom.
- Zohrejte plochú panvicu a varte paratha na miernom ohni 2-3 minúty. Obrátime a na uvarenú stranu taniera

rozotrieme 1 polievkovú lyžicu vaječnej zmesi.
Zalejeme 1 lyžicou oleja.
- Opatrne otočte a varte vajce stranou nadol 30 sekúnd. Opatrne vyberte špachtľou z plochej panvice.
- Opakujte so zvyšnými paratami. Podávajte horúce.

Cibuľa Paneer Kulcha

(Vyprážaný chlieb s cibuľou a paneerom)

Robí 8

Ingrediencie

300 g mäkkého kozieho syra, scedený

1 malá cibuľa, nakrájaná

2 zelené čili papričky, nasekané

1 lyžica nasekaných listov koriandra

½ lyžice masla

Podľa chuti dosolíme

8 kulchov

Metóda

- Zmiešajte všetky ingrediencie okrem kulchy. Zmes rozdeľte na 8 častí.
- Naneste časť na každú kulchu a pečte v rúre vyhriatej na 200 °C (400 °F, plynová značka 6) 3 minúty. Podávajte horúce.

Gobi Paratha

(Praženicový chlieb plnený kapustou)

Robí 10

Ingrediencie

1 malá kapusta najemno nastrúhaná a zľahka podusená

350g/12oz celozrnná múka

2 polievkové lyžice rafinovaného rastlinného oleja

½ ČL zázvorovej pasty

½ lyžičky cesnakovej pasty

1 lyžička mletého koriandra

1 lyžička mletého kmínu

½ lyžičky semienok ajowanu

¾ lyžičky soli

120 ml/4 fl oz vody

Ghee na mazanie

Metóda

- Všetky suroviny okrem ghee vymiesime na pevné cesto. Rozdeľte na 10 guličiek. Rozvaľkajte na kolieska s priemerom 15 cm.
- Zohrejte plochú panvicu. Varte paratha na miernom ohni 3 minúty. Navrch natrieme ghee. Otočte a opakujte. Opakujte so zvyšnými paratami.

Múčna zmes Roti

Robí 10

Ingrediencie

250 g prosovej múky

250g/9oz celozrnná múka

85 g/3 oz hladkej bielej múky

1 lyžička mletého koriandra

1 lyžička mletého kmínu

50 g/1¾ oz jogurt

1 lyžička čili prášku

½ lyžičky kurkuma

1 lyžička soli

120 ml/4 fl oz vody

Ghee na mazanie

Metóda

- Všetky suroviny okrem ghee vymiesime na tuhé cesto.
- Rozdeľte na 10 guličiek a vyvaľkajte na kolieska s priemerom 12,5 cm.
- Zohrejte plochú panvicu a varte, kým spodná strana nie je hnedá.
- Navrch natrieme ghee. Otočte a opakujte.
- Opakujte pre zostávajúce potkany. Podávajte horúce.

Theplas

(Plochý chlieb zo senovky gréckej)

Robí 10-12

Ingrediencie

50 g čerstvých listov senovky gréckej

¾ lyžice soli

175 g/6 oz celozrnná múka

125 g/4½ oz besan*

1 lyžička mletého koriandra

1 lyžička mletého kmínu

1 lyžička čili prášku

1 lyžica jogurtu

2 polievkové lyžice rafinovaného rastlinného oleja

120 ml/4 fl oz vody

Ghee na mazanie

Metóda

- Listy senovky gréckej nasekáme a zmiešame so soľou. Odložte na 10 minút. Scedíme a vytlačíme prebytočnú vodu.
- Ostatné suroviny okrem ghee vymiesime na pevné cesto. Rozdeľte na 10-12 guličiek. Rozvaľkajte na kolieska s priemerom 15 cm.
- Zohrejte plochú panvicu. Smažte thepla na miernom ohni do zlatista. Navrch natrieme ghee. Otočte a opakujte. Opakujte zvyšok plas. Podávajte horúce.

Puri

(Vyprážaný chlieb)

Robí 20

Ingrediencie

350g/12oz celozrnná múka

120 ml/4 fl oz vody

4 čajové lyžičky čisteného rastlinného oleja a extra na vyprážanie

Metóda

- Múku, vodu a 4 lyžice oleja vymiesime na pevné cesto. Odložte na 10 minút.
- Cesto rozdeľte na 20 guličiek. Rozvaľkajte na kolieska s priemerom 10 cm.
- Na panvici rozohrejeme olej a puris po dvoch opekáme na strednom ohni, kým nenapučia. Otočte a smažte do zlatista.
- Opakujte zvyšok stlačenia.
- Nechajte odkvapkať na savom papieri. Podávajte horúce.